Editorial

Wildes Australien: GEO-Redakteur Lars Abromeit tauchte mit Haien am Ningaloo Reef. Heftredakteurin Meike Kirsch porträtierte die etwas eigenwilligen Einwohner des Outback-Kaffs White Cliffs

Liebe Leserinnen und Leser,

es gibt kein anderes Land, in dem Probleme so klein werden. Neun Monate hat Meike Kirsch, die Redakteurin dieses Heftes, in Sydney gelebt – ohne je einen Mietvertrag zu unterzeichnen. „Gib einfach Bescheid, wenn Du gehst", sagte ihr Vermieter. Ansonsten: „no worries". Die Devise galt auch während der Produktion: Ein GEO-Team will aus der Luft fotografieren? Kein Problem, zwei Anrufe – und ein Farmer startete seine wenig vertrauenerweckende Cessna. Ihr wisst nicht, wann ihr den Mietwagen zurückbringt? Okay.

Diese Offenheit der Australier wirkt ungemein befreiend auf uns. Sie hat mit dem Pioniergeist von Auswanderern zu tun, den die Menschen zwischen Sydney und Perth von ihren Großmüttern und -vätern geerbt haben. Mit dem Pragmatismus und der Hemdsärmeligkeit von Siedlern, die aufeinander angewiesen sind – weshalb auch Fremde noch heute ganz unkompliziert *mates* genannt werden, Kumpels.

Sie hat aber sicher auch mit der unfassbaren Weite Australiens zu tun. Dies ist kein Land, in dem man sich bedrängt oder beengt fühlen könnte. Rund 20 Millionen leben auf einer Fläche, die fast 22-mal so groß ist wie die Bundesrepublik. Viel Platz für die Lust, alles hinter sich zu lassen. Auf einem rostroten *dirt track*, der sich im Outback verliert. Auf einem *highway*, der sich an spektaktulären Kliffs entlangschlängelt. Unter einem Himmel, der durchatmen lässt.

Viel Spaß bei der Lektüre des Heftes und in der Freiheit von Down Under wünscht Ihnen

(Florian Hanig)

INHALT

Tasmanien
SCHÖN WEITER
Der Aufstieg auf den Mount Ossa geht in die Knie. Doch was für eine Belohnung wartet oben! Sanfte Hügel, dampfender Regenwald, geheimnisvolle Seen: Am Höhepunkt des legendären »Overland Track« zeigt sich die ganze Naturschönheit Tasmaniens

Beauty Contest
MEINE STADT!
Spieglein, Spieglein an der Wand, welche ist die Schönste im ganzen Land? Sydney funkelt verheißungsvoll, aber auch Melbourne, Canberra, Brisbane und Perth haben ihre Bewohner für sich entflammt. Fünf Liebeserklärungen

Outback-Express
48 STUNDEN EWIGKEIT
Endlich führt eine Zuglinie von Adelaide durch das Zentrum Australiens bis in den dampfigheißen Norden. Und Reisende können jetzt erfahren, wie unermesslich der Kontinent ist

Themen

12 Portfolio
LICHTES LAND

26 Essay
DAS ICH IN DER WÜSTE
Neun Monate lang allein durch die Lebensfeindlichkeit des Outback: Die Schriftstellerin Robyn Davidson hat sich nirgends mehr als hier zu Hause gefühlt

30 Beauty Contest
MEINE STADT!

42 Wassernot
DAS VERHÄNGNISVOLLE SALZ
Australien trocknet aus, und Natriumchlorid wird zum Staatsfeind Nummer eins. Gibt es Wege aus der Salz-Falle?

44 Aborigines
BUNTE HEIMAT

52 Sommertheater
VOM LEBEN AM MEER
Australier sind nah ans Wasser gebaut. Und sie genießen das, wie sie nur können. Eine fotografische Hommage an die nationale Leidenschaft

58 Immigration
MULTIKULTI? EVENTUELL
Das Land braucht dringend Einwanderer – aber bitte möglichst Dachdecker, Klavierstimmer und Diät-Assistenten

60 Der Outback-Express
48 STUNDEN EWIGKEIT

70 Nationalsport
WIE KANN MAN CRICKET LIEBEN?
Spiele dauern tagelang und meistens passiert: nichts. Eine Reporterin hat herausgefunden, was daran so großartig ist

76 Ningaloo Reef
DER GROSSE UNBEKANNTE

84 White Cliffs
NIRGENDWO UND SOWIESO

96 Working Holiday Visum
REISEN NACH DEM KÄNGURU-PRINZIP
»Mit nichts im Beutel große Sprünge machen« – eine Chance für junge Leute, den Kontinent zu erkunden

102 Illegale Fischerei
KAMPF DEN SEEHECHT-PIRATEN
Spezialpatrouillenboote haben die Jagd auf kriminelle Fischer eröffnet

Aborigines
BUNTE HEIMAT
Um vor Gericht ihr Land zurück zu bekommen, malten Ureinwohner ihre Geschichte: in Schlangenlinien und kräftigen Farben. Kunstkenner verglichen die Werke mit Pollock, Miró, Matisse – und ein Sotheby's-Experte machte sich auf in die Wüste

Ningaloo Reef
DER GROSSE UNBEKANNTE
Er ist der gewaltigste Fisch des Planeten, ein Vagabund der Weltmeere: der Walhai. An einem artenreichen Riff vor Westaustralien versuchen Forscher, die zahllosen Rätsel um ihn zu lösen. Ein GEO-Redakteur tauchte mit ihnen

White Cliffs
NIRGENDWO UND SOWIESO
Mit Ziege, Schwein und Hund einen Wohnwagen teilen? Das gilt in White Cliffs nicht als absonderlich. In dem Outback-Kaff fahren bereits Vierjährige Moped, graben sich die Einwohner in Höhlen ein, wo sie Opale suchen – und Freiheit finden

Portfolio
LICHTES LAND
Dreamtime nennen die Aborigines die Schöpfung Australiens. Und wirklich: Viele Besucher reiben sich die Augen, wenn sich Uluru am Horizont zum ersten Mal zeigt. Eine Reise durch einen traumhaft weiten Kontinent

Rückzugsorte
AUSSICHT AUF MEER
Am einsamen Strand, im Regenwald, im Outback – und weit weg von allen Sorgen: GEO hat acht Hotels ausgewählt, die allein für ihre Lage fünf Sterne verdient hätten

104 Rückzugsorte AUSSICHT AUF MEER

112 Tasmanien SCHÖN WEITER

Rubriken

3 Editorial
6 Habitat
148 Profil
150 Karte
152 Impressum/Fotohinweise/Rätselauflösung
153 Vorschau
154 Wie lebt es sich eigentlich als ..?

Titelbild: Mount Laptz in den Kimberleys
Fotograf: Grenville Turner

Reise-Service

Reiseteil mit den besten Empfehlungen für den Kontinent der Superlative

19 SEITEN AKTUELLE TIPPS UND ADRESSEN

123 Orientierung
128 Metropolen
138 Outback
140 Strände
144 Bushwalks

ACHTUNG, NATUR

Jeder Urlauber weiß, dass er sich vor Krokodilen hüten muss. Doch Australiens Fauna ist für Überraschungen gut

TÖRICHTE RIESENVÖGEL

In Steven Spielbergs Dino-Thriller „Jurassic Park" schlitzen die Saurier ihre Beute mit dolchartig scharfen Krallen auf – eine Angriffstaktik, die sich der Helmkasuar (englisch: Cassowary) bis heute bewahrt hat. Der bis zu 1,70 Meter große Vogel ist zwar kein Fleischfresser, doch gibt es zahlreiche Fälle, in denen er Menschen verfolgt, angesprungen und teilweise schwer verletzt hat. Der Grund: Arglose Ausflügler füttern das schwarze Federvieh, das sie fortan als gute Nahrungsquelle betrachtet. Aus dem gleichen Grund sind die urtümlichen Vögel auch stark an Autos interessiert, in denen ihrer Erfahrung nach Menschen sitzen, die leckeres Futter bereithalten. Das ist weit gedacht für ein primitives Tier, aber nicht weit genug: Die Kollision mit dem vermeintlichen Essen auf Rädern geht für einen Kasuar zumeist tödlich aus.

Der Helmkasuar imponiert durch seinen Höcker. Nicht zu sehen, aber gefährlicher: seine dolchförmigen, zwölf Zentimeter langen Krallen

GEFRÄSSIGE INSEKTEN

Termiten richten in Australien größere Schäden an als Feuer, Überflutung und Unwetter zusammen: Sie fressen Häuserwände, tragende Balken, Schränke, ja sogar ganze Kücheneinrichtungen. Nur für Aborigines und Didgeridoo-Liebhaber ist die den Kakerlaken nahe stehende Art nicht Plage, sondern Segen. Die gefräßigen Insekten höhlen nämlich vorzugsweise jene Eukalyptusstämme und -äste aus, die seit Jahrtausenden als Material für brummende Blasinstrumente verwendet werden. Dabei sind die von den unermüdlichen Tieren durchs Holz gefressenen Gänge so unterschiedlich, dass die Luftsäule in jedem Instrument anders schwingt und individuelle Töne entwickelt. Ein gutes Didgeridoo wird mithin nicht hergestellt, sondern gefunden – in der Nähe von Termitennestern.

Ihrem Didgeridoo entlocken Könner verblüffende Laute – dank der Termiten als Instrumentenbauer. Sie höhlen nicht nur Eukalyptusstämme aus. Sie bauen auch imposante Hügel

GEMEINE BIOINVASOREN

In Australiens Süden sollen Kamele durch Scharfschützen von Hubschraubern aus bejagt werden. Rund 60 000 Exemplare der verwilderten Wüstentiere machen dort Kühen und Schafen das Wasser streitig. Umweltschützer protestieren zwar gegen die Art und Weise der Kameljagd, doch selbst sie können nicht verleugnen, dass die landesweit über 700 000 streunenden Kamele sich vom nützlichen Transportmittel zu gemeinen „Bioinvasoren" entwickelt haben: Sie haben keine natürlichen Feinde und schädigen die ohnehin spärliche Wüstenflora immens. Gefährlich werden sie auch ihrem Nachfolger als Transportmittel, dem Auto: Weil die zottigen Tiere nachts gern auf dem warmen Asphalt der Landstraßen liegen, kommt es immer wieder zu Kollisionen.

GIFTIGE KURIOSITÄTEN

Es sieht niedlich aus – und doch ist das Schnabeltier (englisch: Platypus) durchaus gefährlich: Männliche Tiere haben an den Hinterbeinen rund 15 Millimeter lange Sporne, mit denen sie im Verteidigungsfall ihren Gegnern Gift injizieren. Und zwar kein harmloses: Dingos und Hunde können daran eingehen, Menschen schwillt der gepikste Körperteil an und schmerzt manchmal über Wochen. Zu den meisten Zwischenfällen kommt es, wenn Angler aus Versehen eines der scheuen Wesen am Haken

Häuserdächer in Newcastle wurden Ziel heimtückischer Überraschungsangriffe mit Tiefkühlhähnchen. Menschen wurden nicht verletzt. Aber sie rätseln seither

haben. Das Schnabeltier ist das einzige Säugetier der Welt, das über eine derartige Waffe verfügt – auch sonst ist es eine biologische Kuriosität: Es legt Eier, lebt zu Wasser und zu Lande und hat ein Fell, das mehr wärmt als das eines Eisbären. Immerhin besitzt es keine spitzen Zähne, sondern nur Hornplatten am Ober- und Unterkiefer, mit denen es vorwiegend Krabben und Würmer zermalmt.

UNBEKANNTE FLUGOBJEKTE

Anfang 2005 schlugen in Newcastle, 155 Kilometer nördlich von Sydney, Tiefkühlhähnchen in Hausdächer ein. Verletzt wurde niemand, doch die Stadt stand vor einem Rätsel: Wie kamen die toten Hühner in den Himmel? Für Bob Carr, Premierminister von New South Wales, waren „Tiefkühlhähnchen, die durch die Stratosphäre wirbeln, Mysterien unserer Existenz". Superintendent David Swilks wurde mit der Aufklärung des Falls betraut.

Herr Swilks, warum hat es Hühner geregnet?

Wir vermuteten erst, dass Flugzeuge sie verloren haben könnten. Es gab auch Hinweise, dass hungrige Pelikane die Hühner von einer nahen Müllkippe aufgelesen und wieder fallengelassen haben.

Ist das keine gute Erklärung?

Ich glaube nicht. So doof ist hier kein Pelikan. Und ein Professor unserer Universität hat berechnet, dass nur ein Viertel der Stadt bebaut ist. Kein einziges Huhn wurde auf dem Boden gefunden. Zufall? Sicher nicht.

Haben sie einen anderen Verdacht?

Zu den Tatzeiten waren hier gerade Sommerferien, und die beschossenen Häuser sind nicht weiter als hundert Meter vom Busch entfernt. Wir glauben, dass Spaßvögel die Hühner mit Katapulten auf Dächer geschleudert haben.

Gibt es Zeugen?

Leider nicht. Aber wir erleben in den Ferien öfter solche Streiche. Meist klauen Schüler Skulpturen aus Vorgärten und stellen sie in Hundertschaften im Stadtpark auf. Wir müssen sie dann wieder ihren Besitzern zuordnen und heimfahren. Die Sache mit den Hühnern aber ist neu.

Arbeiten sie weiter an dem Fall?

Ich würde gerne behaupten, dass wir jede Menge Polizisten abgestellt haben. Aber nein. Der Hühner-Spuk hat ein Ende.

Das Schnabeltier ist eine biologische Kuriosität, eine Art Chimäre aus Ente und Otter –und bei weitem nicht so vertrauensselig wie es aussieht: An seinen Hinterbeinen sitzen Giftsporne

WAHRE HELDEN

Australien gilt als Nation von Raubeinen. Und was tun einheimische Künstler? Sie bedienen das Klischee, wo immer sie können

ARCHITEKTUR DES HAUS-MEISTERS

Die Gebäude von Australiens bekanntestem Architekten Glenn Murcutt zeichnen sich durch ihren engen Bezug zur Umgebung aus. Über Wochen und Monate studiert Murcutt Lichtverhältnisse, Temperatur, Flora und Fauna eines geplanten Standortes. Dann entwickelt er Räume, die auch bei extremen Temperaturen ohne Klimaanlage auskommen. Die Materialien wählt er zumeist nach dem Energieaufwand ihrer Herstellung aus. Trotz weltweiter Anfragen hat der 2002 mit dem Pritzker-Preis gekrönte Architekt bisher nur einen Auftrag außerhalb Australiens angenommen – in Papua-Neuguinea.

Murcutt will von Aborigines lernen. Pläne verwirklicht er gern im harschen Busch

OUTLAW ALS NATIONALHELD

Stoff über einen Dieb verarbeitete Australiens Vorzeige-Intellektueller Peter Carey. Sein Roman „Die wahre Geschichte von Ned Kelly und seiner Gang" erzählt von einer der populärsten Gestalten in der australischen Historie: Vom legendären Outlaw Ned Kelly, der im 19. Jahrhundert gegen die Willkür der kolonialen Autoritäten rebellierte und 1880 am Galgen endete. Carey verhalf der nahezu mythischen Geschichte zu einer erneuten Verfilmung – in den Hauptrollen die australischen Hollywoodstars Heath Ledger und Naomi Watts.

DER SPIEGEL DES SPIRITS

Paul Kelly, Australiens bekanntester Songwriter mit ausgeprägter Liebe zum Outback, erzählt seit fast 30 Jahren vom Leben und Lieben seiner Landsleute. Ursprünglich inspiriert von Bob Dylan und Lou Reed, prägte er seinen ureigenen Stil – wurde zum „Spiegel des australischen Spirits", wie es ein Kritiker formulierte. 2005 tourt Kelly mit neuer Band und dem frisch aufgenommenen Album „Foggy Highway" quer durch den Kontinent – vorzugsweise durch raue Kleinstädte wie Kalgoorlie oder Yallah, in denen viele seiner Songs zu Hause sind.

MUT ZUM RISIKO

Starke Charaktere mit unbändigem Freiheitsdrang – das ist das bevorzugte Personal der Geschichten von Tim Winton. In seinem zuletzt erschienenen Roman „Der singende Baum" schlagen sich zwei Außenseiter – er notorischer Hummerdieb, sie trinkfeste Querulantin – durch das raue Leben und die wilde Landschaft der Westküste. Mut zum Risiko zeichnet nicht nur Wintons Figuren aus: Sieben Jahre lang quälte sich der Autor mit seinem Roman. Als das Werk fertig war, löschte er den kompletten Text – um die verschlungene Liebesgeschichte in einem 55 Tage dauernden Schreibrausch noch einmal zu erzählen.

FJÄLL
RÄVEN
Von Natur aus
schwedisch.
Jetzt Katalog kostenlos anfordern unter
0800-Fjällräven (0800-3525572836)
oder www.fj-katalog.de

JUWELIER
DUBAIL
LAND CRUISER
LAND CRUISER

ULURU, Northern Territory
Sein rötliches Leuchten, sagen die Ureinwohner, verdanke der bekannteste Monolith der Welt dem Blut zweier kämpfender Schlangen. Dass die Färbung am Eisengehalt liegt, mindert den Zauber der Felseninsel nicht
LICHT VON DIESER WELT

Dreamtime nennen die Aborigines die Genesis des Landes, die Schöpfung der vor Hitze flirrenden Wüsten, der blau schimmernden Eukalyptuswälder, der magischen Felsen. Noch heute versetzt Australien jeden Besucher in seine ganz eigene Traumzeit

PINNACLES DESERT, **Westaustralien**

Wie fossile Haizähne scheinen sich tausende Kalksteinspitzen durch den Wüstenboden zu bohren. Hätten sie tatsächlich einen tierischen Ursprung, möchte man ihre Vorbesitzer nicht kennen – einige der Felsen sind über drei Meter hoch

INNAMINCKA REGIONAL RESERVE, **Südaustralien**

Wildpferde in einem der wenigen Feuchtgebiete im Landesinneren. Das Reservat bietet Flora und Fauna Schutz. Außerhalb herrscht australische See-Not: Sandwüsten und dürre Ebenen

PORT CAMPBELL NATIONAL PARK, **Victoria**

Riffe und Stürme machten das Meer entlang der Great Ocean Road einst zur tückischen Falle für Seefahrer. Heute ist die Küste mit den Kalksteinfelsen der Twelve Apostles ein beliebtes Ausflugsziel für Touristen, die zur Anreise aber lieber den Landweg wählen

GLASS HOUSE MOUNTAINS NATIONAL PARK, **Queensland**

Wie ein milchiger Strom durchzieht Frühnebel das Buschland. Eindrucksvoll unterstreichen die sich lichtenden Schwaden, wie berechtigt die Region ihren Namen trägt – »Treibhaus-Berge«

KIMBERLEY PLATEAU, **Westaustralien**

Ihrem verdorrten Aussehen zum Trotz waren Baobabs oftmals Lebensquell der Ureinwohner und versorgten diese mit Nahrung, Medizin und Leim. Hohle Bäume als Gefängnis zu nutzen, überließen die Aborigines dagegen europäischen Siedlern

GREAT BARRIER REEF, **Queensland**

Ein Korallenatoll am Capricorn Channel mit der Anmutung einer gigantischen Muschel. Es ist Teil eines mehr als 2000 Kilometer langen maritimen Kunstwerks, an dessen Fertigstellung seit Jahrmillionen gearbeitet wird

DAS ICH IN DER WÜSTE

Mit 27 Jahren brach Robyn Davidson in die lebensfeindliche Leere im Landesinneren auf – zu Fuß und mit vier Lastkamelen. »Tracks«, ihre Schilderung dieses Abenteuers, wurde zu einem Klassiker der Reiseliteratur. Fast drei Jahrzehnte später sucht die Schriftstellerin die Spuren, die sie damals im Sand hinterlassen hat – um sich wieder in ihrem Land zu verlieren

Dreißig Jahre pendelte ich zwischen London und Indien; und kehrte nach Australien zurück, wann immer ich konnte – für Wochen, Monate oder Jahre. Nie war ich sicher, wohin ich wirklich gehörte. Nach einer Weile wird es anstrengend, dieses Jonglieren mit Kontinenten und den Ichs, die sie jeweils bewohnen. So dient diese neuerliche „Heimreise" dazu, mir klar zu werden, ob ich ein Land von meiner Liste streichen – ob ich Australien endgültig verlassen kann.

Ich gehöre zu jener Generation von Australiern, für die es notwendig war, ihr Geburtsland hinter sich zu lassen. Europa war das Zentrum, der Ort, wo alles passierte. Wir gingen weg, um unser eigenes Leben zu finden, Perspektive zu gewinnen. Wir gingen, um den Vororten der 1950er Jahre zu entkommen – unserer Kindheit. Aber bist du erst einmal weggegangen, wird eine Rückkehr zur komplizierten Angelegenheit. Du veränderst dich. Und auch der Ort, den du verlassen hast, verändert sich.

Irgendwo da vorne in der Dunkelheit taucht Australien auf. Wir haben die halbe Erde umrundet, um hierher zu gelangen; 30 Stunden Flug, in denen der Sommer in Winter übergegangen ist. Ich suche mein Inneres nach Zeichen jenes körperlichen Glücksgefühls ab, das in der Vergangenheit jede Heimkehr begleitete, doch da ist nichts. Gut. Ich schiebe die Blende am Fenster weiter nach oben, und da ist es, perfekt gerahmt und hell leuchtend: das Kreuz des Südens. Das Glücksgefühl trifft mich wie ein Schlag.

Die Küste kriecht heran. Als Ouvertüre zu einer solchen Landmasse sollten Wellen gegen Kliffe donnern. Aber die See ist ruhig, auch den angrenzenden Wald kämmt kein Wind. Bald schon ist unter uns kein Baum, kein Strauch mehr, nur noch Outback. Dort unten erlebte ich eine Zeit intensiver Einsamkeit, und diese Erfahrung veränderte mein Leben in einer Weise, die ich nie für möglich gehalten hätte. Mit nichts als einer eigenartigen Idee und jugendlichem Starrsinn war ich 1975 nach Alice Springs gekommen, in das Zentrum des Kontinents. Die Idee bestand darin, mir ein paar wilde Kamele zu besorgen, sie zu zähmen, damit sie meine Ausrüstung tragen, und dann mit ihnen durch die Wüste zu wandern. Ich hatte keine besondere Zuneigung zu Kamelen, aber eben auch nicht das Geld, um mir einen Jeep zu leisten. Außerdem wollte ich durch mein Land *gehen*, es erleben, als hätte die Beschleunigung der Moderne noch nicht unsere Wahrnehmung von Raum und Zeit vergewaltigt.

Nach zwei Jahren Vorbereitung lief ich los. Mit vier Kamelen und einem Hund von Alice Springs bis zum Indischen Ozean, 2700 Kilometer durch die Wüste. Die Reise dauerte neun Monate, und ich traf nicht mehr als ein Dutzend Familien – die Aborigines eingeschlossen, deren Territorium ich durchquerte. Richtung Süden zum Ayers Rock wanderte ich, dann nach Westen, immer nach Westen, durch die Gibson-Wüste bis ans Meer.

Am Anfang war die Weite des Outbacks für mich so beängstigend, dass ich ein Gerüst aus Gewohnheiten und Routinen errichten musste, um mir Halt zu geben: Ich stellte mir die Reise als eine Reihe von Schritten vor, und wenn bei einem Schritt alles glatt

Für die 2700 Kilometer lange Strecke über rostrote Dünen brauchte Robyn Davidson 1977 neun Monate – und begegnete auf dem Weg nur einem Dutzend Familien

ging, warum dann nicht auch beim nächsten? Einmal, ich war noch nicht lange unterwegs, konnte ich den Weg, den ich suchte, nirgends entdecken. „Du hast eine Straße verpasst“, sagte ich fassungslos zu mir. „Eine ganze verdammte Straße.“ Plötzlich spürte ich das ungeheure Ausmaß der Wüste in meinem Bauch, der Hals schnürte sich zu. Ich war nicht wirklich in Gefahr, trotzdem hörte ich nicht auf, mich zu fragen: „Was, wenn dir so etwas hunderte Kilometer von hier passiert? Was, wenn?“ Ich stieg auf einen Hügel. Selbst hier, wo die nächste Siedlung nur etwa 90 Kilometer entfernt war, sah ich bis zum Horizont nichts. Absolut nichts.

Doch mit der Zeit begann ich das Land zu verstehen, und als ich lernte, mich darauf zu verlassen, ließ die anfangs so bedrohliche Leere und Weite in mir etwas wachsen: das Gefühl, Platz zu haben und frei zu sein. Dieses Gefühl wirkt tief im australischen Kollektivbewusstsein. Auch wenn wir uns an der Küste drängen, schafft die riesige Landschaft in der Mitte doch Möglichkeiten, wie sie heute wahrscheinlich in keinem europäischen Land mehr existieren.

Mein Vater war ein wunderbarer Naturkenner, der tiefe Liebe für die australische Landschaft empfand und alles über sie wusste. Als ich klein war, lebten wir auf einer Rinderfarm, und ich lernte von ihm die Fähigkeit, über die Natur zu staunen. Wenn wir Ausflüge in den Busch machten, hofften wir immer, den rätselhaften Nachtsittich zu sehen – die Art galt als ausgestorben und war 60 Jahre zuvor zum letzten Mal beobachtet worden. Unser Erfolg war also in etwa so wahrscheinlich wie der Versuch, mit Löffeln einen Opal auszugraben, der uns alle reich machen würde. Mein Vater aber sagte stets mit verzückter Zuversicht: „Irgendwo da draußen ist er, Liebes.“ So rechtfertigte er unsere Ausflüge, tatsächlich wollte er nur irgendwo unter den Sternen sein, an einem Wasserloch, hunderte, wenn nicht tausende Kilometer von Menschen entfernt. Er ist schon lange tot, doch ich habe seinen Optimismus geerbt, seine Liebe zur Einsamkeit und das Wissen über den Busch.

Ich sah nicht nur die Tierspuren auf meiner Wanderung, ich war mit ihnen vertraut. Ich beobachtete den Vogel nicht nur, ich wusste genau, was er gerade tat, und welchen Zweck es hatte. Meine Umwelt erklärte sich mir, sie wurde zum beseelten Wesen. Alles hing zusammen, alles gehörte zu einem Netz. Als es normal für mich war, so zu denken, ließ ich mich selbst in dieses Netz fallen, und die Grenzen meines Ichs weiteten sich.

Das Ich in der Wüste wird mehr und mehr wie die Wüste. Es wird grenzenlos, die äußere Unermesslichkeit ein Spiegel der Weite im Innern. Die Identifikation mit dem Outback während dieser Reise war zweifellos das tiefste Zugehörigkeitsgefühl, das ich je erlebt habe. Aber wie alle großen Leidenschaften forderte es völlige Hingabe. Es forderte, dass ich *blieb*. Und das konnte ich nicht. Die Welt rief, und ich folgte und wurde Schriftstellerin in London. Doch ein Teil von mir, ich spüre es, ist nie von dieser Reise zurückgekehrt. Oft habe ich das verwirrende Gefühl, dass es zwei Versionen von mir gibt, und dass die eine jeden Versuch der anderen verspottet, normal zu sein. Eine von uns nimmt an Literaturveranstaltungen in England teil oder schreibt Bücher im Himalaya; die andere gehört in die Wildnis.

Fast 700 Kilogramm Proviant musste die Autorin jeden Morgen an ihren Kamelen festzuzurren. Ihre Rekordzeit dafür: eine Stunde

Seit Stunden fliegen wir über die Landschaft, und ich bin mir sicher, dass da unten noch meine Fußspuren sind. Als das Flugzeug Alice Springs ansteuert, weichen Ockertöne und schlammiges Grün den Regenbogenfarben, für die das Zentrum berühmt ist: Orangefarbener Sand, lilafarbene Felsen und das filigrane Silber der Witchetty-Büsche. Der Himmel ist wie üblich kobaltblau. Scharen von Wellensittichen funkeln, die Kronen von Eukalyptusbäumen explodieren in Wolken rosaroter Kakadus.

In Alice Springs selbst gibt es nichts, was mich hätte zurückkehren lassen. Die Stadt war nie eine Schönheit, aber sie hat sich zweifellos gewandelt. Die Straßen, einst staubig und leer, sind jetzt von schicken Läden gesäumt, in denen Kunst der Aborigines verkauft wird – die ganze Bandbreite von Qualität bis Kitsch. Früher war hier keine einzige Tomate aufzutreiben. Jetzt ist das Angebot der Supermärkte überreich. Es gibt ein Spielkasino, Luxushotels, und selbst die schäbigen Pubs, in denen ich einst arbeitete, sind bis zur Unkenntlichkeit aufgemotzt. Nur hier und da erkenne ich noch das, was Alice Springs einst war: ein paar am Ende der Welt gestrandete Häuser, die 1500 Kilometer Telegraphenleitung mit der Plazenta der Zivilisation verbanden.

Wandel.

Doch als ich an einem Spirituosenladen vorbeikomme, sitzen da Aborigines und schütten flaschenweise Wein hinunter. Geld für Nachschub schnorren sie von verstörten Touristen.

Stillstand.

Es sind sechs Stunden Fahrt von Alice Springs zum Ayers Rock, oder Uluru, wie ihn seine Besitzer vom Stamm der Pitjantjatjara nennen. Viel Zeit, um nachzudenken. Geoffrey Blainey prägte den Ausdruck „Tyrannei der Entfernung“, um den Widerspruch der › australischen Nation zu beschreiben: Wir sind der am stärksten urbanisierte Kontinent der Welt. 2001, zum Zeitpunkt des letzten Zensus, lebten in Australien 18,8 Millionen Menschen, zwei Drittel davon in Großstädten. Und nur drei Prozent in abgelegenen oder sehr abgelegenen Gebieten. Wir kehren dem Landesinneren den Rücken, schauen zum Meer, und doch ist das Outback unsere mythologische Feuerprobe.

Zum Zeitpunkt meiner ersten Reise war der Tourismus noch kaum nach Zentralaustralien vorgedrungen. Jetzt wimmelt es von Geländewagen, am Steuer australische Städter auf der Suche nach ihrem kulturellen Mythos. Die Wüste wurde demokratisiert. Doch noch immer weckt diese einzigartige Landschaft im Herzen des Landes zwiespältige Gefühle: Wir lieben sie, und wir haben Angst vor ihr. Sie gilt als todbringend, voller giftiger Schlangen und Insekten. Aber wenn du erst einmal in ihr zu leben verstehst, ist sie ein Garten – die Urheimat des Menschen.

Ich versuche, so genau es geht, dem Weg zu folgen, den ich damals nahm. Natürlich sind meine Fußspuren streckenweise unter Asphalt begraben. Und was mit dem Kamel Wochen dauerte, schrumpft zum Augenblick. Denn wenn man das Verhältnis von Raum und Zeit schon schändet, kann man es genauso gut bei 150 Kilometern pro Stunde und lauter Musik tun. Ich lege die Brandenburgischen Konzerte ein, bereite mich darauf vor, einen ersten Blick auf Uluru zu erhaschen, rausche in weitem Bogen um einen Sandhügel, und ja, ein flüchtiger Blick, dann noch eine Sandwelle, und da ist er, buchstäblich atemraubend. Wolken ziehen sich zusammen. Nicht die sittsamen, gezähmten Wölkchen Englands, sondern Wirbel wie bei El Greco – schwarz und grün und gespalten von Blitzen. Hundert englische Himmel würden in diesen Himmel passen.

Wenn ich früher in den Nationalpark kam, kampierte ich mit Aborigines am Felsen. Diesmal fahre ich nach Yulara, in das 20 Kilometer entfernte Touristenresort. Nur so kann man jetzt „hier sein", die Besucherzahlen haben Yulara notwendig gemacht. Das Resort soll den Felsen vor den Massen bewahren und die Privatsphäre der Aborigines schützen, die an seinem Fuß leben. Doch ich fühle mich hier wie in einer virtuellen Welt, in der direkte Erfahrungen unmöglich sind. Ich laufe zum offiziellen Aussichtspunkt, reihe mich ein in den Strom der Plappernden – und dann auch das noch: Jemand spielt „I did it my way" auf seiner Trompete! Wäre ich doch nie hergekommen! Diese Reise löscht die ursprüngliche Reise, so wie Teer die Fußspuren zugedeckt hat.

Es ist Zeit, tiefer in die Wüste vorzudringen, wo es keinen Asphalt gibt. Wo es nichts gibt als rostroten Sand und eine wellige Staubstraße. Ich habe alle Zeit der Welt. Nachts rolle ich den Schlafsack aus, mache Feuer, schaue in den glitzernden Himmel. Ab und zu sehe ich Kamelspuren neben der Straße. Es ist absurd, dass sie mich sentimental stimmen. Aber sie tun es. Ich verfolge die Spuren, nur um eine große Herde fetter, glücklicher Kamele zu sehen, die über einen Sandhügel verschwindet. Manchmal halte ich den Jeep an und höre zu, wie der Wind über Dünen weht, in Wüstenbäumen ächzt. Tage vergehen, ohne dass ein Mensch zu sehen wäre oder irgendetwas Menschliches.

Das Buch, das **Robyn Davidson**, 54, über ihr erstes Abtauchen in der Wüste schrieb, ist unter dem Titel „Spuren" (Rowohlt, 2002, 7,90 €) auf deutsch erschienen. Auch während ihrer aktuellen Reise war die Autorin wochenlang nicht erreichbar. Jetzt hat sie sich eine kleine Wohnung in Sydney gekauft – mit Hafenblick und Internet-Anschluss.

Schließlich bin ich am Ziel: An diesem Ort spürte ich damals, wie ich aufhörte, mich mit Raum und Zeit zu beschäftigen und endlich die Bedingungen der Wüste annahm. Er glüht im Morgenlicht, und die Wüste meiner Erinnerung taucht tatsächlich wieder auf aus dem Dunkel der Vergangenheit. Sie durchdringt alles, sättigt alles mit Wissen. Namen verbinden sich mit Pflanzen, Zeichen lassen sich plötzlich wieder wie Buchstaben lesen. Es gab Brände in diesem Gebiet, und wo sie besonders schlimm waren, sieht man der geschwärzten Vegetation die Anstrengung an, trotz Wind, Sonne und Feuer zu wachsen; ihre Wurzeln klammern sich tief in die Spalten von beharrlichen Überbleibseln eines unvorstellbar alten Berges.

Ich komme an eine Felsöffnung und trete in den Schatten einer gewaltigen Schlucht. Ich bin allein, in einem Umkreis von 160 Kilometern der einzige Mensch. Die Wände, die mich eng umschließen, durchziehen Bruchlinien. Sie lassen mich an den Lärm denken, den dieser Kataklysmus provoziert haben muss. Niemand war da, um ihn zu hören, aber jetzt kann ich es fast vernehmen: das Krachen, wenn Kontinente mit den Schultern zucken, sich im Schlaf umdrehen.

Eineinhalb Kilometer wandere ich, dann schlägt mir plötzlich Hitze entgegen, als hätte sich vor mir eine Ofentür geöffnet. Ich trete wieder in die Wüste hinaus. Noch einen Kilometer, vorsichtig suche ich meinen Weg zwischen Spinifex und Schlangenspuren. Ich komme an ein Wasserloch, das Eukalyptusbäume beschatten. Kakadus starren auf mich herunter, während ich bade. Das Wasser ist wie Seide auf meiner Haut.

Dieser Ort ist zu groß, um ihn fassen zu können, im Raum wie in der Zeit. Als ich wieder in der Schlucht bin, plumpse ich auf den Sand und lasse die kühle Stille in mich dringen. Sie löst in mir ein Gefühl solcher Liebe aus, dass ich glücklich bin, einfach nur zu *sein*. Ich bin wieder die junge Frau, die genau hier im Sand lag. In diesem Moment fließt alles zusammen – und plötzlich weiß ich, dass ich wieder nach Australien ziehen werde. Es ist die Entscheidung, endgültig zurückzukehren. ❙

1000 Reisen und ein Ziel:
Intensiverleben
Studiosus-Reisen erweitern vom ersten Tag an Ihren Blick auf die Welt und schaffen unvergesslich intensive Eindrücke.
Wählen Sie aus dem größten Studienreise-Angebot Europas. Erleben Sie über 100 Länder in ihrer ganzen Vielfalt: Sehenswürdigkeiten und Kultur, Märkte, Strände und die Menschen.
Fordern Sie jetzt kostenlos unsere aktuellen Kataloge an:
Per Telefon 00 800/24 01 24 01
(Gebührenfrei für D, A und CH)
Oder Internet www.studiosus.com
Studiosus

Meine Stadt!

Nach Sydney zum Surfen? In Brisbane Sonne tanken? Oder doch lieber wegen des Nachtlebens nach Melbourne? Für GEO Special erklären fünf Australier, weshalb gerade ihre Stadt die beste von allen ist

AUFGEZEICHNET VON JULICA JUNGEHÜLSING

Motorradfan David Patzwald auf einer Brücke in Melbourne. Als locker und stilvoll, so empfindet der Coiffeur seine Wahlheimat – genau wie sich selbst

Auffälligstes Gebäude des Federation Square ist das Atrium, eine gigantische Galerie aus Glas, Stahl und Zink. An der Errichtung des Gesamtkomplexes – eines der größten Bauprojekte des Kontinents – waren rund 250 Firmen beteiligt. Unbekannt ist jedoch die Zahl der Fensterputzer

Einwohner:	3 555 321
Menschen pro Quadratkilometer:	462,1
Nächste Großstadt:	Canberra, 461 Kilometer entfernt
Strände im Stadtgebiet:	29
Sonnenstunden pro Tag:	5,6
Regentage pro Jahr:	147
Durchschnittlicher Kaufpreis für ein Haus in Hafenlage oder am Flussufer:	AUD 483 000

Gut zu wissen: Melbourner lieben Festivals. Das Film Festival, das Writer's Festival, das Arts Festival, das Food and Wine Festival, das Comedy Festival und auch das Oktoberfest Festival.

Bahnrekord: Mit 708 Metern zählt Bahnsteig 1 in der alten Flinders Street Station zu den längsten der Welt (1). Die St. Patricks Cathedral gilt als schönster Sakralbau Australiens, den seine hoch gebauten Nachbarn allenfalls bei Sonne in den Schatten stellen (2). Musik fliegt in der Luft: Unter der Glaskuppel des Shot Tower findet sogar ein Ballon Platz, aus dem stündlich australischer Folk schallt (3)

DAVID PATZWALD, 40, Besitzer eines Frisiersalons in der City

Ich bin an der Gold Coast aufgewachsen – und war kreuzunglücklich dort! Diese platte Strandkultur, wo alle in Surfshorts rumlaufen und Friseure vor allem für Dauerwellen zuständig sind – grausam, ich passte da nie hin. Meine Kunden in Melbourne dagegen sind kultiviert. Selbst die Männer haben kein Problem damit, alle paar Wochen 60 australische Dollar für einen modernen Schnitt auszugeben. Aber Stil muss nicht unbedingt etwas mit Geld zu tun haben: Das Hemd, das ich trage, ist secondhand. Aber es hat Klasse, oder?

Melbournes einzige Schwachstelle ist der Regen. Oft ist der Himmel grau, und es gießt von einem Moment auf den anderen. Allerdings hält uns dies nie von etwas ab. Ich habe ein Picknick organisiert, und es regnet? Na und! Dann ziehen wir eben weiter. Es gibt genug gute Restaurants hier. Und unsere Läden haben Seele, wir radieren nicht jeden Charme von den Wänden, wie sie es in Queensland machen. Allerdings: Wer nicht etwas Entdeckergeist mitbringt, tut sich schwer. Die besten Adressen sind oft versteckt. Neulich haben Bekannte ein neues Lokal eröffnet. Szenerie: Seitengasse in der City, Kopfsteinpflaster, Hinterhof, abgetretene Treppe. Ich dachte: Mein Gott, das findet doch kein Mensch! Aber als ich die Tür aufmachte, war halb Melbourne da. ›

3

2

1

In mehreren hundert TV-Shows hat Ian Parmenter bereits versucht, die Australier für Genüsse wie den »Fremantle Lobster« zu begeistern, einen Hummer aus den Gewässern um Perth (1). Das asiatische Restaurant in Northbridge verdankt die Stadt ihrem Nationen-Mix. Kulinarische Einfalt beklagt längst niemand mehr (2)

2

1

MELBOURNE
• PERTH
SYDNEY
CANBERRA
BRISBANE

IAN PARMENTER, 60,
Fernseh-Moderator, Winzer und Kochbuch-Autor

Eigentlich brauchte ich Anfang der 1970er Jahre nur eine Pause von Londons Kälte und Düsternis. Ich dachte an ein, zwei Jahre. Tja, und dann landete ich in Perth. Der Himmel war blauer und das Licht intensiver als in Europa. Die Taxifahrer trugen Shorts und Kniestrümpfe, und zum Frühstück gab es Lammkoteletts vom Vortag mit fettigem Bacon und Roter Bete – oh je! Essen ist nun mal mein Leben, ich meine: gutes Essen. Aber 30 Jahre später bin ich immer noch hier, und nichts wird mich vertreiben. Was ich denn um Himmels willen an Perth finde, haben mich meine Freunde aus London damals gefragt, und meine Antwort war: „Perth ist ein hübsches Dorf, jeder kennt jeden." Das war natürlich absurd, immerhin lebten damals schon 500 000 Menschen hier. Aber Perth ist wirklich eine familiäre Stadt, ohne starre Konventionen. Ein Grund dafür ist sicherlich die Lage: Perth ist die abgelegenste Großstadt der Welt. Wir haben viel Horizont und noch mehr Platz. Letztes Wochenende zum Beispiel bin ich zu ein paar Felsen im Outback gefahren, nach Hospital Rocks. Ich traf nicht einen Menschen und genoss stundenlang das 360°-Panorama, die Sterne, die Weite. Mal ehrlich: Wo sonst kann man dem Alltag so vollständig entfliehen? Natürlich gehen wir auch in Perth gern Segeln und Surfen, aber die Stadt hat einen völlig anderen Charakter als der Rest Australiens.

Der auf dem Mount Eliza gelegene Kings Park dient Wissenschaft und Erholung gleichermaßen – neben dem Schutz für bedrohte Pflanzen bietet er die schönste Aussicht auf die Skyline

Einwohner:	1 431 498
Menschen pro Quadratkilometer:	265,8
Nächste Großstadt:	Adelaide, 2135 Kilometer entfernt
Strände im Stadtgebiet:	78
Sonnenstunden pro Tag:	8,8
Regentage pro Jahr:	114
Durchschnittlicher Kaufpreis für ein Haus in Hafenlage oder am Flussufer:	AUD 498 000

Gut zu wissen: Über die Hälfte der Stadt sind Grünflächen. Das bedeutet: Jede Menge *barbies* = Barbecues.

Wir fühlen uns Asien näher als Canberra, sind schneller auf Bali als in Sydney. Als ich herkam, fiel mir sofort der ethnische Mix auf: lauter Griechen, Italiener, Franzosen, Jugoslawen und Portugiesen. Nur gab es kaum ein Restaurant, das ihre Küche anbot, unglaublich! Das hat sich in den letzten 15 Jahren Gott sei Dank gründlich geändert. Allein die Meeresfrüchte – Himmel, wie ich unsere Hummer liebe! Und eine der besten Weinregionen der Welt liegt gleich nebenan: Margaret River. Dort baue ich seit 1997 meinen eigenen Chardonnay an. Mit einem Hektar ist „Artamus" wahrscheinlich das kleinste kommerzielle Weingut des Kontinents. Aber so ist Westaustralien eben – selbst wer in London nur am Schreibtisch gesessen hat, kann hier Winzer werden! ›

Der Hafen, mit Harbour Bridge und Opernhaus, ist eine der begehrtesten Lagen der Stadt. Wohnungen können sich hier nur die Reichsten leisten. Den Anblick des abendlichen Sydney können aber auch Spaziergänger genießen – for free

MELBOURNE
PERTH
•SYDNEY
CANBERRA
BRISBANE

Einwohner:	4 198 543
Menschen pro Quadratkilometer:	345,7
Nächste Großstadt:	Canberra, 241 Kilometer entfernt
Strände im Stadtgebiet:	38
Sonnenstunden pro Tag:	6,8
Regentage pro Jahr:	138
Durchschnittlicher Kaufpreis für ein Haus in Hafenlage	AUD 765 800

Gut zu wissen: Sydney ist Single-Hauptstadt; 40 Prozent der Einwohner sind zwischen 20 und 35 Jahre alt – und 45 Prozent leben in Ein-Personen-Haushalten.

DREW LAMBERT, 34, Mitarbeiter in einer Marketingagentur, Weinjournalist, Lebensretter im »North Bondi Surf Life Saving Club«

Letztes Jahr hatte ich drei Jobs zugleich: Ich schuftete in einer Werbeagentur, schrieb meinen dritten Weinführer und kellnerte ein paar Abende pro Woche. Klar war das anstrengend, aber ich wollte einfach endlich eine Wohnung kaufen, oder besser: anzahlen. Natürlich in Bondi, und da kosten selbst anderthalb Zimmer schon fast 400 000 Dollar – mehr als anderswo ganze Häuser. Aber wem es das nicht wert ist, der soll doch nach Brisbane ziehen. Ich halte Mittelmaß nicht aus, ich brauche Herausforderungen, mache am liebsten immer alles gleichzeitig. Ehe ich zur Arbeit fahre, laufe ich zum Schwimmen ans Meer, oder ich paddele nach dem Job ein paar Runden mit dem Board. Gestern war ich nach dem Surfen noch mit Freunden essen: Zitronengras-Snapper mit Blick auf Skyline und Hafen. Wo sonst könnte ich das alles an einem Tag haben: Arbeit, Strand, Glamour und zur Krönung einen Club, der gedrängt voll ist mit schönen Menschen?

Als ich nach Sydney zog – meine Eltern leben in einem dieser aufgeräumten, sauberen Vororte an der Central Coast –, hatte ich das Gefühl, zum ersten Mal durchatmen zu können. Keinen juckte das Gel in meinen Haaren oder die weiße Sonnenbrille. Schwul und schrill zu sein, war auf einmal normal. Die erste Zeit in Sydney wohnte ich in Kings Cross: Israelische Einwanderer ohne Visum, Schauspieler und Busfahrer saßen morgens im gleichen Café in meiner Straße. Diese Alles-geht-Atmosphäre gab mir einen Energiestoß. Meine Freunde finden mich wahrscheinlich manchmal anstrengend: Ich habe ständig neue Pläne, wechsle Jobs, kann Stillstand nicht ertragen. Vor zwei Jahren bin ich Lebensretter im „North Bondi Surf Life Saving Club" geworden, seither gehören meine Wochenenden in der Saison dem Club. Das ist ehrenamtlich, also unbezahlt, aber ich kann der Gemeinschaft wenigstens etwas zurückgeben – für den Luxus, hier zu leben. ›

Buntglas-Fenster, geflieste Böden, schmiedeeiserne Geländer – im heutigen »Queen Victoria Building« ließ sich schon bei der Eröffnung 1898 in 58 Geschäften stilvoll einkaufen (1). Auch Rettungsschwimmer wie Lambert gab es bereits im 19. Jahrhundert, baden jedoch war damals zwischen Sonnenauf- und -untergang verboten (2)

1

2

KATE LUNDY, 37, Senatorin für das »Australian Capital Territory«

Meine früheste Erinnerung ist dieses Baumhaus im Weston Park, am Ufer vom Lake Burley Griffin. Damals wohnten wir noch in New South Wales und kamen nur für Wochenendausflüge her. Ich war vielleicht vier Jahre alt und bin in das Haus geklettert. Von oben sah ich über den See und zu den hellen Gebäuden an den Hügeln. Friedlich und vertraut lagen sie da. Ein paar Jahre später sind meine Eltern mit uns dann nach Canberra gezogen.

Jetzt bin ich oft mit meinem Sohn im selben Park. Am Wochenende wollte er unbedingt die jungen schwarzen Schwäne am Ufer sehen. Er ist dreieinhalb. Dass er mit einer Schwanenfamilie aufwächst, hat für mich etwas – ja, Versöhnliches. Hier ist die Welt irgendwie in Ordnung, im Gleichgewicht. Zum Beispiel sind Speedboote auf unseren Seen verboten. Wenn ich morgens rudern gehe, höre ich nur den Wind und vor allem das Geplapper der Papageien. Ohne die würde mir etwas fehlen! Rosellas, Lorikeets, Kakadus – in allen Farben fliegen sie mitten durch die Hauptstadt. Ich habe ein paar Bottlebrush-Bäume im Garten gepflanzt, und kurz darauf haben die Vögel sie in Beschlag genommen. Manchmal sitzen sie mir sogar für ein paar Minuten Modell, und ich male die Papageien in Aquarell. Früher habe ich diese Bilder auch verkauft, aber im Moment komme ich nicht oft an die Staffelei. Wegen der Familie, und natürlich ist der Alltag in der Politik auch nicht ohne. Wirklich gestresst bin ich trotzdem selten. Alles eine Sache von Prioritäten und Timing, denke ich – und beides zu beherrschen, fällt einem hier leicht.

Wenn ich die Kinder zum Fußballspielen bringe, stehe ich nicht im Stau wie in vergleichbaren Städten. Am Spielfeld habe ich oft sogar Zeit für einen Plausch mit anderen Eltern. Ich mag diese menschlichen Dimensionen: kurze Wege, viel Natur, und dann haben wir noch die Regierung, die besten Museen des Landes. Irgendwo ist immer eine Lesung, eine neue Ausstellung, ein Konzert – oder eben ein Papagei zum malen. ›

Einwohner:	323 004
Menschen pro Quadratkilometer:	401
Nächste Großstadt:	Sydney, 241 Kilometer entfernt
Strände im Stadtgebiet:	0
Sonnenstunden pro Tag:	7,6
Regentage pro Jahr:	105
Durchschnittlicher Kaufpreis für ein Haus am See:	AUD 389 000

Gut zu wissen: In Canberra kann jeder den Politikern aufs Dach steigen – sogar mit einem Picknickkorb. Für den Rasen, der auf dem Regierungsgebäude wächst, sind neun Gärtner angestellt.

1

2

»Treffpunkt« heißt der Name der Landeshauptstadt in der Sprache der Aborigines. Das dazu passende Gebäude liegt zum Teil unter der Erde: Das neue Parlament wurde in den Capitol Hill hineingebaut (1). Kate Lundy hat eine Vorliebe für traumhafte Orte, sei es am Lake Burley Griffin (2) oder im »Garden of Australian Dreams« im Nationalmuseum (3)

3

Wenn Sie das nächste Mal nach
Australien oder Neuseeland reisen,
versuchen Sie etwas Neues.
Fangen Sie mit dem Flug an.
Fly Emirates. Keep discovering.

Kathy Samut auf der Story Bridge. Eine der schönsten Brücken verdankt die Stadt ausgerechnet der Zeit ihrer größten Depression in den 1930ern (1). Strände gab es dagegen schon immer im Überfluss – wenn auch nicht alle so zentral liegen wie der in der City geschaffene Breaker Beach (2). Albert Street Uniting Church im Herzen der Stadt, erbaut im 19. Jahrhundert. Bislang haben Glaube und Haus allen Gefahren getrotzt (3)

MELBOURNE
PERTH
SYDNEY
CANBERRA
• **BRISBANE**

KATHY SAMUT, 36, Immobilienverwalterin

Vielleicht liegt es an meinem Job, aber ich glaube, dass wir in Brisbane so entspannt sind, hat viel damit zu tun wie wir hier wohnen. Ich bin in einem *Queenslander* aufgewachsen, in einem dieser typischen Holzhäuser auf Pfählen mit umlaufender Veranda und endlos viel Platz zum Spielen unter duftenden Frangipani-Bäumen. Auch all meine Bekannten, die von hier stammen, sind in einem solchen Haus groß geworden. Inzwischen gibt es natürlich mehr Apartmentblocks, aber wenn Freundinnen von mir Kinder bekommen, ziehen sie wieder nach draußen, in einen Queenslander. Ich bin nicht verheiratet und fühle mich wohler in der Stadt. Ich lebe in New Farm, einem Viertel voller Cafés, Bars und Restaurants, gleich gegenüber der City. Trotzdem muss ich nicht alleine in einer Zwei-Zimmer-Wohnung sein. Ich teile mit Freunden ein Stadthaus. Pool, Palmen im Garten, ein Hof für Barbecues – anderswo könnte ich mir diesen Lebensstil kaum leisten. In Brisbane aber sind die Mieten niedrig. Es geht ohne Konkurrenzgerangel auf der Karriereleiter. Niemand muss hier superreich sein, um das Leben genießen zu können.

Brisbane hat den Ruf, ein Provinznest zu sein. Und ich gebe zu: Es stimmt. Egal, wen ich kennen lerne, fast immer reden wir schon nach Minuten über gemeinsame Bekannte. Für mich hat das nichts Negatives, im Gegenteil: Ist doch schön zu wissen, dass Freunde in der Nähe sind – und sei es nur, um gemeinsam ans Meer zu fahren. Abends, in der kühleren Luft, zieht es mich vor allem an den Fluss, der sich durch die Stadt schlängelt. Selbst in meiner Lieblingsbar, dem „Luxe“ in der James Street, sitze ich quasi im Freien, weil alle Fenster und die riesigen Flügeltüren ständig offen sind. Lange hocke ich da allerdings selten. Denn auch dieses Vorurteil stimmt: Um halb elf geht die eine Hälfte von Brisbane schlafen – und um elf die andere. Zum Glück bin auch ich überhaupt kein Nachtmensch. ▮

Einwohner:	1 735 181
Menschen pro Quadratkilometer:	371,3
Nächste Großstadt:	Sydney, 735 Kilometer entfernt
Strände im Stadtgebiet	18
Sonnenstunden pro Tag:	7,5
Regentage pro Jahr:	122
Durchschnittlicher Kaufpreis für ein Haus in Hafenlage:	AUD 440 000

Gut zu wissen: Im 19. Jahrhundert wurden besonders widerspenstige Strafgefangenen nach Brisbane deportiert. Heute liegt die Kriminalitätsrate der Stadt aber im australischen Durchschnitt.

Julica Jungehülsing, 41, lebt seit 2001 in Down Under. Als Surferin lässt sie sich auf keine Diskussion über die schönste Stadt ein: „Sydney, ganz klar!“

www.illesbalears.es
www.spain.info
Siesta
Fahrrad
Fahrrad
Fahrrad
Fahrrad
Fahrrad
FREU DICH!
DU BIST AUF
MALLORCA
ESPAÑA
Mallorca
Illes Balears
Erkunden Sie mit dem Rad die Sträßchen und Wege unserer Insel. Gönnen Sie sich eine wohlverdiente Ruhepause in einem unserer vielen bezaubernden Hotels. Freu dich! Du bist auf Mallorca.

DAS UNHEILVOLLE SALZ DER ERDE

Australien hat einen Staatsfeind: Natriumchlorid, gemeinhin als Kochsalz bekannt. Es überzieht immer größere Flächen mit weißer Kruste, reichert sich in den ohnehin spärlichen Wasserreserven des Kontinents an. Tödlich für Pflanzen – und gefährlich für Menschen, die noch immer über Wege aus der Salz-Falle streiten

TEXT: CHRISTINE HEIDEMANN

Mit rund 2740 Litern Wasser pro Kopf und Tag, in Haushalt, Landwirtschaft und Industrie, gehören die Australier weltweit zu den Spitzenverbrauchern. Und das, obwohl ihr Land – der trockenste bewohnte Kontinent der Erde – in den letzten Jahren von den schlimmsten Dürren seit Beginn der Klimaaufzeichnungen heimgesucht wurde. Doch die ökologische Umsicht wächst.

Ein Indikator sind die Leserbriefspalten der Zeitungen, in denen immer neue Wege zum Wassersparen vorgeschlagen werden – gelegentlich mit dem für Australier typischen Humor: Anfang 2004 bot im „Sydney Morning Herald" ein Leser an, seinen Whisky nur noch pur und nicht mehr verdünnt zu genießen. Auch ein gewisser Tony Watson griff in die Diskussion ein: „Ab sofort", schrieb er, „werde ich meinen persönlichen Beitrag leisten, indem ich bis auf weiteres nur noch mit meiner Frau dusche." Watsons Wortmeldung fand ein ungeahntes Echo: Gleich mehrere Schreiber warfen ein, dass es noch besser für Nation und Umwelt sei, wenn sie nun alle zusammen mit Frau Watson duschten – und dabei puren Whisky tränken. Die Lage sei schließlich ernst genug.

Eine Salzkruste bedeckt die Ramco Lagoon, sogar Eukalyptusbäume können hier nicht mehr überleben

Wie ernst, zeigt sich besonders deutlich an Australiens Lebensader, dem 2530 Kilometer langen Murray River. Drei Viertel der natürlichen Wassermenge von 13 700 Gigalitern pro Jahr werden dem Flusssystem entlang seines Verlaufes entzogen. Während der „Mächtige Murray" früher nur alle 20 Jahre auf seinem Weg von den Snowy Mountains westwärts zum Indischen Ozean versiegte, bleibt er heute fast jedes zweite Jahr auf der Strecke. Über die Hälfte seiner Feuchtgebiete sind ausgetrocknet, drei Viertel der Eukalyptusbäume im Murray-Darling-Becken schon tot oder stark gefährdet. Auch Australiens größter Süßwasserfisch, der *Murray cod*, ist vom Aussterben bedroht. Fischer haben aus der Not eine Tugend gemacht: Sie züchten Austern, Algen und Garnelen – in Salzwasserfarmen.

Denn der Murray führt zwar immer weniger Wasser, aber gleichzeitig immer mehr Natriumchlorid mit sich – momentan rund zwei Millionen Tonnen pro Jahr. Das Kochsalz zeigt sich schillernd weiß an den Ufern, manchmal schimmert es gar gold- oder pinkfarben. Forscher ermittelten jüngst im Städtchen Morgan – Kilometer 2213 des Flusses auf dem Weg zum Meer – eine Salzkonzentration von 333 Milligramm pro Liter. Das bedeutet: Der Murray spült fast 600 Lastwagenladungen Salz pro Tag durch eine Gegend, aus der unter anderem die südaustralische Hauptstadt Adelaide 40 bis 90 Prozent ihrer Trinkwasservorräte schöpft. Die Stadtplaner müssen damit rechnen, schon in 20 Jahren an vielen Tagen kein Trinkwasser mehr zu haben, das den strengen Grenzwerten der Weltgesundheitsorganisation genügt.

Australien ist ein von Natur aus salziger Kontinent: Kristalle, die vom Wind aus den Ozeanen geblasen wurden, lagern seit Jahrtausenden im Untergrund, vor allem gelöst im Grundwasser. Die australische Vegetation hat sich den extremen Verhältnissen angepasst: Die salztoleranten Pflanzen saugen Regenwasser mit langen Wurzeln begierig auf und halten den Grundwasserspiegel konstant. Ein Schutzmechanismus, der erst im letzten Jahrhundert ausgehebelt wurde.

Europäische Siedler holzten allein im Murray-Darling-Becken mindestens 15 Milliarden heimische Bäume ab und ersetzten sie durch mitgebrachte Kulturpflanzen, um aus dem unfruchtbaren australischen Buschland lukratives Weide- und Ackerland zu machen. Auf den ersten Blick ein Segen: Das Murray-Darling-Becken – mit über einer Million Quadratkilometern eines der größten Flusssysteme der Welt – avancierte zur Kornkammer Australiens und erzeugt mittlerweile rund 40 Prozent der agrarwirtschaftlichen Produkte des Landes. Aus ökologischer Sicht sollte sich die Inkulturnahme im europäischen Stil aber schon bald als fataler Fehler erweisen.

Bereits beim Bau der Eisenbahntrasse in Westaustralien Ende des 19. Jahrhunderts war den Ingenieuren aufgefallen, dass sich zur Wasserversorgung angelegte Reservoire zusehends in Salzseen verwandelten. 1925 wurde der Zusammenhang zwischen Abholzung und Versalzung in einer wissenschaftlichen Studie erstmals bestätigt: Importierte Kulturpflanzen mit kurzen Wurzeln lassen sehr viel mehr Regen zum Grundwasser sickern als heimische Pflanzen, sodass der Pegel des salzhaltigen Wassers steigt. Und weil die eingeführten Gewächse, weit weniger robust, dieses Wasser nicht vertragen, werden sie großzügig anderweitig versorgt – vor allem aus dem Murray-Darling-Becken.

Neun von zehn Litern, die dem Flusssystem entzogen werden, ergießen sich auf Acker- und Weideflächen, auf die damit bis zu hundertmal mehr Wasser gelangt als auf naturbelassene Böden. Folge: Die salzigen Speicher im Untergrund laufen endgültig über, ihr Wasser drängt an die Oberfläche und verseucht ganze Landstriche. 2,5 Millionen Hektar, etwa fünf Prozent der kultivierten Fläche Australiens, sind bereits versalzen; 15 Millionen Hektar gefährdet. Salzkristalle reichern sich auch in Poren von Asphalt, Mörtel oder Putz an, dehnen sich aus, und in manchen Kleinstädten sprengen sie regelrecht Straßen und Häuser.

Im Juni 2004 startete eine groß angelegte Rettungsaktion für den Murray. Die Mitglieder des „Murray-Darling Basin Ministerial Council" (MDBC), Vertreter der australischen Regierung sowie der Bundesstaaten im Einzugsgebiet, einigten sich auf einen *first step*, der vor allem ein Ziel hat: Dem Fluss soll weniger Wasser als bisher entzogen werden. In Zukunft sollen deshalb die Regierungen Wasser-Lizenzen auf dem offenen Markt aufkaufen, um sie dann nicht zu nutzen.

Diese Lösung wird auch von Umweltschützern als einfachste und schnellste Rettungsmaßnahme favorisiert; sie streiten mit den Regierungen jedoch noch um die Wassermenge: Der MDBC hat mit seiner First-Step-Entscheidung 500 Gigaliter, verteilt auf fünf Jahre, zugesagt. Zu wenig, findet Arlene Buchan von der „Australian Conservation Foundation". Für die Umweltschützerin sind „1500 Gigaliter das Minimum, das der Murray in den nächsten zehn Jahren zum Überleben braucht". Gestritten wird um gewaltige Wassermengen: Ein Gigaliter entspricht 1 000 000 000 Litern, der Menge Wein, die alle australischen Winzer in einem Jahr produzieren.

Trotz feierlich beschlossener Rettungsprogramme ist dem Murray bislang allerdings noch kein einziger Liter weniger entnommen worden. Denn veräußern müssten die Wasser-Lizenzen vor allem Farmer – und die stellen sich quer. Weniger Wasser für Felder und Tiere bedeute das Ende ihrer Existenzen, lassen sie von Interessenvertretungen wie der „Murray Valley Community Action Group" lautstark artikulieren.

Ein Kompromiss ist nicht in Sicht. Statt Lizenzen-Handel verlangen die Farmer von den Regierungen, erst einmal leckende Bewässerungskanäle zu reparieren, in denen Wasser ungenutzt versickert, und den Fluss insgesamt besser zu managen. Kurz, die Farmer sind für alternative Lösungen des Wassersparens.

Um eine schnelle Wiederbelebung des Murray steht es also nicht gut – im Fall des Ehepaars Watson aber hatte das Wassersparen bereits positive Folgen: Über mehrere Monate waren die Watsons aus den Leserbriefspalten des „Sydney Morning Herald" und den Köpfen der wassersparenden Öffentlichkeit verschwunden gewesen – bis ein Leser im Januar 2005 um ein Lebenszeichen bat. Prompt meldete sich Tony Watson wieder in der Zeitung, dankte für die Nachfrage und teilte mit, die Sparmaßnahmen hätten bereits ihre Wirkung getan: Frau Watson sei im fünften Monat schwanger. Vier Monate später schrieb er: „Es ist ein Mädchen. Mutter und Tochter sind wohlauf." I

Der Kadaver eines Karpfens liegt im ausgetrockneten Moira Lake, der ansonsten vom Murray River gespeist wird

Christine Heidemann, 42, hat mehrfach Australien bereist und als freie Wissenschaftsjournalistin für GEO über Umweltthemen berichtet. Schon während des Studiums beschäftigte sich die Geographin mit dem kostbaren Nass. Ihr Nebenfach: Wasserwirtschaft.

Wie die bunte Welt unter den Hammer kam

Sie wollten ihr Land zurückhaben und malten den überwältigendsten Beweisantrag, der je vor einem australischen Gericht präsentiert wurde: zwei hauswandgroße Bilder, die sie »Heimat« nannten. Vom westlichen Kunstmarkt gefeiert, begann für die Aborigines von Fitzroy Crossing eine schwierige Diskussion: Sollten sie diese Heimat nun zu Geld machen?

TEXT: GERALDINE BROOKS FOTOS: STEPHEN DUPONT

Fitzroy Crossing im Nordwesten Australiens ist eine Ansammlung kleiner Siedlungen, umgeben von schroffen Hängen aus Sandstein. Das Klima dort ist extrem: Auf die Gluthitze der Trockenzeit folgen die prasselnden Niederschläge der Regenzeit. Dann leuchten tropfnasse Felsen rot aus dem saftigen Grün der Gräser und breite Wolkengirlanden hängen über der Ebene. Selbst nach dem rauen Maßstab des Outbacks ist Fitzroy Crossing ein abgeschiedener Ort – näher an Jakarta als an Sydney, das gut 3000 Kilometer südöstlich liegt.

Viele Jahre lang war der Ort berüchtigt für Schlägereien – und für den Teppich aus zerquetschten Bierdosen, der sich so weit in alle Himmelsrichtungen erstreckte, dass Australier über die „Schneefelder von Fitzroy" spotteten. In letzter Zeit jedoch hat Fitzroy Crossing eine andere Reputation erworben: als Zuhause erfolgreicher zeitgenössischer Künstler. ›

Aus »Ngurrara II« lesen die Künstler der Mangkaja-Kooperative wie aus einer Landkarte. Sie sitzen nicht nur auf Wirbeln und Punkten. Sie sitzen auf ihrer Geschichte

PIJAJU PETER SKIPPER

Einer der berühmtesten Künstler von Fitzroy Crossing; er versteckte sich einst vor einem Auto im Busch

DAISY ANDREWS
Sie erzählt ihren Enkeln Geschichten von früher, während sie malt

Die „Mangkaja Arts Resource Agency", eine Aborigines-Kooperative, ist in einer tristen Reihe von Wellblech-Häusern untergebracht, neben einem Supermarkt und einem Schnellimbiss. Der Himmel war grau an dem Tag im Jahr 2003, als ich zu Besuch kam, aber in der Kooperative blühten zwei Räume in satten Farben. Bilder bedeckten jeden Zentimeter der Wände und lagen auf dem Boden gestapelt, bereit zum Transport nach Sydney, Darwin und Perth, wo sie demnächst ausgestellt werden sollten. Eine große Leinwand von einem der bekanntesten Künstler des Zentrums, Pijaju Peter Skipper, dominierte eine Wand. Daneben hing ein Werk seiner Frau Jukuna Mona Chuguna.

Die Agentur glich einer Mischung aus Studio, Kindertagesstätte und Altersheim. Eine ältere Frau namens Dolly Snell saß im Schneidersitz auf dem Boden vor einer Leinwand und trug dick gelbe Acrylfarbe auf. In Mustern, die Spinifex ähnelten, einem stacheligen Wüstengras. Um sie herum spielten ihre kichernden Enkel Fangen, wobei die flinken kleinen Füße der nassen Leinwand manchmal gefährlich nahe kamen. Snell schien es nichts auszumachen.

Aborigines-Kunst ist populär geworden. Skipper, Snell und andere Mitglieder der Kooperative können viel von dem, was sie produzieren, auch verkaufen. Doch dieses zusätzliche Einkommen hat die Armut der Gemeinde, zu der etwa 1200 Leute gehören, kaum gemindert. Aus diesem Grund hatten die Künstler von Fitzroy Crossing schon vor meiner Ankunft eine schwierige Diskussion begonnen. Vielleicht sei es Zeit, meinten manche, zwei besonders geliebte Gemälde zu verkaufen, Ngurrara I und Ngurrara II. Ngurrara (ausgesprochen Nur-ara) bedeutet „Heimat".

Die beiden dichten, detailreichen Gemälde gelten als Meisterwerke. Oberflächlich betrachtet, gleichen sie abstrakter westlicher Kunst. Sie haben die Energie eines Pollock, die üppigen Farben eines Matisse und die fantastischen geometrischen Formen eines Miró – zugleich sind sie jedoch komplizierte Erzählungen, die ausführlich vom Leben der Ahnen berichten. Der Verkauf dieser berühmten Gemälde, darin waren sich Experten einig, könnte eine ungeheure Menge Geld einbringen.

Für den Verkauf sprach auch, dass der Busch nicht der ideale Ort ist, um empfindliche Kunstwerke aufzubewahren. In einem brüchigen Fertigbungalow nicht weit vom Mangkaja-Zentrum warf ich einen ersten, flüchtigen Blick auf Ngurrara II. „Ich schäme mich, Ihnen zu zeigen, wie wir es lagern", entschuldigte sich Karen Dayman, die als Beraterin bei Mangkaja arbeitet. Die acht Meter breite Leinwand war in einer grob behauenen Holzkiste zusammengerollt. Die Kiste wiederum stand auf Plastikmilchkästen, um das Gemälde während des Monsuns trocken zu halten. „Als wir letztes Jahr die große Überschwemmung hatten, kam das Wasser bis zur obersten Treppenstufe des Hauses", erklärte Dayman. Die Regenzeit hatte wieder begonnen, und während wir uns unterhielten, trommelte heftiger Regen auf das Blechdach des Bungalows und fiel in Vorhängen um die Veranda.

Es gibt in Australien Pflanzenarten wie die *Hakea bakeriana*, die nur nach einem Buschfeuer ihre Samenkapseln öffnen; die Blüte der zeitgenössischen Aborigines-Kunst ist ein vergleichbares Phänomen. Deren Ursprünge werden üblicherweise ins Zentrum des Kontinents zurückverfolgt, nach Papunya, einem staubigen Dorf 240 Kilometer nordwestlich von Alice Springs. Nachdem die australische Regierung in den frühen 1950er Jahren von einer Politik der Ausgrenzung zu ❯

SPIDER SNELL
Der Stammesälteste der Wangkatjungka gibt sein Wissen in Wellen weiter

WILLY KEW
Sein Lieblingsmotiv: die Wasserstelle, an der er aufwuchs

einer der Assimilierung übergegangen war, siedelte sie nomadische Aborigines zwangsweise in Papunya an. 1971 wurde ein weißer Lehrer namens Geoffrey Bardon dorthin versetzt. Er fand einen Ort der Krankheit, Gewalt und Verzweiflung vor.

In seinem Unterricht gab Bardon den Schülern einen kleinen Vorrat Acrylfarbe. Es waren jedoch nicht die Kinder, die das neue Material begierig annahmen, sondern ihre Eltern – um den Schmerz über die Verpflanzung auszudrücken. Barton war von den Arbeiten begeistert. Er ermutigte die Künstler, kaufte ihnen Pappen und Leinwände, die Nachfrage der Aborigines aber konnte er nicht befriedigen: Innerhalb weniger Monate war jede glatte Oberfläche im Dorf, von alten Obstkisten bis zu Radkappen und Bodenplatten, mit Farbe bedeckt.

Ungefähr um die gleiche Zeit entwickelte sich Hunderte von Kilometern entfernt, im Gebiet von Fitzroy Crossing, eine zweite Keimzelle der Aborigines-Kunst. Die weißen Rinderzüchter hatten der umliegenden Great Sandy Desert nie viel Bedeutung zugemessen, weshalb sich das traditionelle Aborigines-Leben hier bis weit in die 1950er Jahre bewahrte. Skipper und Chuguna, die beiden Künstler der Mangkaja-Kooperative, waren schon junge Erwachsene, als sie zum ersten Mal Weiße trafen. Skipper, ein selbstbewusster Mann in den Siebzigern, erinnerte sich an seine erste Begegnung mit der modernen Welt: Als er ein Teenager war, fuhr in Sichtweite ein Auto vorbei. Skipper lief weg und versteckte sich im Busch – voller Angst, die großen Augen des fremdartigen Tieres könnten ihn entdecken.

Während der 1960er Jahre begannen Farmer, die Ureinwohner zu verdrängen: Aborigines aus ganz Westaustralien endeten in den Randbezirken weißer Städte, wo es wenig Arbeit gab, aber jede Menge Alkohol. Fitzroy Crossing, wo Skipper und Chuguna sich niederließen, war ein solcher Ort; Turkey Creek ein anderer.

Dort wurde der künstlerische Aufbruch von einer Krankenschwester namens Mary Macha gefördert, die für das Sozialamt arbeitete. Sie sollte für verarmte Gemeinden Geld aufbringen, indem sie Handwerksarbeiten verkaufte. In Turkey Creek erzählte ihr Rover Thomas, ein Aborigine, er wolle nicht mehr mit Rindern arbeiten, sondern malen. Macha war von seinem Talent begeistert und richtete in ihrer Garage ein Studio für Thomas ein. Sie lehnte seine Bilder hinter dem Haus gegen die Zäune und verkaufte sie dort an Passanten. Wally Caruana, damals Kurator der Australischen Nationalgalerie in Canberra, war einer der ersten Kunstkenner, dem die elegante, minimalistische Malerei auffiel. 1984 arrangierte er ein Treffen zwischen Macha und dem Direktor der Nationalgalerie. Der sagte zu Caruana später: „Sie stellten mir eine Großmutter mit einer Plastiktüte vor, und darin waren die erstaunlichsten Bilder die ich je gesehen habe."

Die Werke von Rover Thomas tauchten gerade zu dem Zeitpunkt auf, als es ein empfängliches Publikum für sie gab. „Wir hatten zeitgenössische Bewegungen wie den Abstrakten Expressionismus und den Minimalismus schätzen gelernt, und dann waren da plötzlich diese Arbeiten, die eine gleiche Ästhetik hatten, jedoch voller mannigfaltiger Bedeutungen steckten", erinnert sich Caruana. Die Übereinstimmung zwischen Aborigines-Werken und moderner Kunst war um so beeindruckender, als Künstler wie Thomas nie zuvor westliche Malerei gesehen hatten.

1990 lud Caruana Thomas in die Hauptstadt Canberra ein, damit der Künstler zum ersten Mal eine umfangreiche Sammlung moderner Kunst sehen konnte. In der Nationalgalerie blieb der Aborigine plötzlich vor einem der Gemälde stehen. „Wer ist der Kerl, der so malt wie ich?", wollte er wissen. Und tatsächlich: Das Bild *1957 #20* von Mark Rothko war seinen Arbeiten auf unheimliche Weise ähnlich. Thomas, der 1998 starb, wurde vom westlichen Kunstmarkt begeistert angenommen. Sein Erfolg regte viele andere Aborigines zum Malen an. 1992 ließ sich seine Schwester, Nyuju Stumpy Brown, in Mindi Rardi nahe Fitzroy Crossing nieder. Brown begann ihre eigenen Bilder vom verlorenen Land zu malen, und andere wie ihr Nachbar Pijaju Peter Skipper und seine Frau folgten dem Beispiel. Auch diese Künstler wurden schnell über Australien hinaus bekannt.

NADA RAWLINS
Die Australische Nationalgalerie schmückt sich mit ihren Bildern

Kurz nachdem in Fitzroy Crossing die Diskussion über die Ngurrara-Gemälde begonnen hatte, rief Karen Dayman, die Beraterin der Mangkaja-Kooperative, bei Sotheby's an. Die Künstler, sagte sie, erwägten eines der Bilder zu verkaufen. Tim Klingender, Sotheby's Experte für Aborigines-Kunst, war erstaunt. Die Ngurrara-Gemälde gehörten zu den „größten Kunstwerken indigener Völker, die je geschaffen wurden", sagte er; außerdem hatten sie für die Menschen der Great Sandy Desert eine enorme politische Bedeutung.

1992 erkannte die australische Regierung zum ersten Mal Besitzansprüche der Aborigines auf das Land ihrer Ahnen an – vorausgesetzt, die Ureinwohner konnten eine fortdauernde Verbindung zu dem Land beweisen. Bevor sie vor Gericht auf Rückgabe klagen konnten, mussten Aborigines-Gruppen ihre Ansprüche vor einem sogenannten Native Title Tribunal darlegen. Frustriert von ihrer Unfähigkeit, auf Englisch im Gerichtssaal um ihr Recht zu kämpfen, entschieden die Bewohner von Fitzroy Crossing, ihre „Beweise" zu malen. Sie würden auf der Leinwand die Verbindung jedes Einzelnen von ihnen zu einem bestimmten Gebiet der Great Sandy Desert zeigen – und zu den langen Geschichten, die sie mit dem Land seit Generationen verbanden.

Ngurrara I, der erste Versuch, war ein fünf mal acht Meter großes Gemälde, an dem 19 Künstler arbeiteten. Aber vor allem Skipper und Chuguna fanden, es spiegele nicht alle wichtigen Orte und Geschichten wieder, und so beteiligten sich mehr als 40 Künstler, um eine verbesserte Version zu schaffen: Ngurrara II, acht mal zehn Meter groß, wurde 1997 vor einer Sitzung des Native Title Tribunal ausgerollt. Es war, sagte ein Mitglied des Gerichts später, der überwältigendste Beweis, der je dort präsentiert wurde.

Nur wenige Monate nach dem Anruf machte sich Klingender auf die lange Reise von Sydney nach Fitzroy Crossing, um den Künstlern die Regeln einer Auktion zu erklären, und ich fuhr mit ihm. Der Flug in die Küstenstadt Broome dauerte acht Stunden. Von dort fuhren wir in einem Geländewagen Richtung Osten. Wenige Meilen außerhalb von Broome verwandelte sich der Great Northern Highway in einen dürftigen Streifen Asphalt; häufig verschwand er in Fluten, die sich sprühend an den riesigen Reifen unseres Wagens brachen. Die Mangrovenküste ging bald in weite, von Büffelgras bewachsene Flächen über, unterbrochen von hohen Termitenhügeln. Nach einem halben Tag Fahrt erreichten wir Fitzroy Crossing.

Am Abend vor der Entscheidung über das Schicksal der Gemälde traf sich Klingender mit einigen der pro- ›

STUMPY BROWN
Ihr Bruder Rover Thomas erlangte früh Berühmtheit

minentesten Mangkaja-Künstler, unter ihnen Skipper und Chuguna. Sie lebten in trostlosen Betonbauten der zu Fitzroy Crossing gehörenden Siedlung Bayulu. Die Häuser waren unverputzt und die glaslosen Fenster zum Schutz vor Einbrüchen örtlicher Drogenabhängiger vergittert.

In Aborigines-Gemeinden wird das Einkommen von jemandem wie Skipper, der in einem guten Jahr 14 000 australische Dollar verdienen mag, unter einer Großfamilie aufgeteilt; die einzigen Einkünfte vieler Bewohner sind ansonsten Sozialhilfeschecks. Skipper und Chuguna haben außerdem Verpflichtungen in der Gemeinschaft, die ihre künstlerische Produktion beschränken. Skipper wird als einer der Gemeindeältesten oft zu geheimen Zeremonien gerufen.

An der Zufahrt nach Bayulu verkündete ein Aushang, dass in der Siedlung weder Alkohol noch Glücksspiel erlaubt seien, aber als Klingenders Wagen die schlammige Straße hinaufjagte und ein Rudel magerer Hunde auseinander scheuchte, waren im Freien mehrere Kartenspiele im Gange. In eines davon war Skipper vertieft. Die Häuser der Künstler waren so bescheiden wie die ihrer Nachbarn, nur Kühlschränke, Waschmaschinen oder Geländewagen zeugten von ihrem Extraeinkommen.

Am Morgen versammelten sich alle Künstler, welche die Ngurrara-Gemälde geschaffen hatten, im Schuppen eines alten Mechanikers in Fitzroy Crossing. Keiner der Anwesenden war jünger als 60; manche wirkten unglaublich zerbrechlich, wie sie sich auf die Arme jüngerer Verwandter stützten oder in Rollstühlen mühsam durch den Schlamm arbeiteten. Im Schuppen vermischte sich der Gestank von altem Motoröl mit dem Geruch von trocknender Farbe und menschlichem Schweiß. Nach einigem Diskutieren wurde ein *wangki* gefasst, ein Beschluss. Ngurrara II sollte fürs erste in Fitzroy Crossing bleiben, seine Bedeutung für die Gemeinschaft war zu groß. Aber während die Sonne auf das Blechdach brannte und das Innere der Hütte in einen Backofen verwandelte, zeichnete sich eine Übereinkunft ab, dass Ngurrara I – das Skipper „that little shorty one" nannte – „ein wenig freier" behandelt werden könnte.

Einige Künstler wollten noch einmal einen Blick auf Ngurrara I werfen, das viele von ihnen jahrelang nicht gesehen hatten. Es brauchte drei Leute, um das Gemälde zu tragen, und noch einige mehr, um es auf dem schäbigen Teppich auszubreiten, der den Boden der Werkstatt bedeckte. Mit einem Mal füllten die Farben und Formen der Wüste den Schuppen: Wirbel, Punkte, konzentrische Kreise, sich schlängelnde Locken. Skippers stechendes Grün war der hellste Ton in der Komposition.

Die Alten begannen, langsam über die Leinwand zu gehen, wobei ihre Stimmen vor Erregung lauter wurden. Für jemanden, der mit den „Berühren verboten"-Schildern westlicher Museen aufgewachsen ist, war es verblüffend, Leute mit schlammverkrusteten Füßen über ein Meisterwerk laufen zu sehen. Einige hatten auch schwere Arbeitsstiefel an. Nachdem die Künstler sich wieder mit dem Gemälde vertraut gemacht hatten, stellte Dayman ihnen Klingender vor, der „für eine Bande namens Sotheby's" arbeitete, wie sie erklärte. Eine Bande, die „ständig nach irgendetwas sucht, was sie verkaufen kann".

Klingender stand auf. „Wenn ihr euer Bild verkaufen wollt, werde ich es nehmen, es fotografieren und in einem Buch wie diesem hier abbilden", sagte er, einen glänzenden Auktionskatalog schwenkend. Ein Übersetzer wiederholte seine Worte. „Leute, die es gesehen haben, werden zusammen kommen, jemand wird sagen ‚Ich möchte so viel ausgeben', und ein anderer wird sagen ‚Ich möchte mehr zahlen'. Es ist ein Wettkampf, und der Gewinner bekommt das Bild." Ein Maler namens Tommy May, der auf einer Farm gearbeitet und oft Rinder zu Auktionen gebracht hatte, bot seinen eigenen Vergleich an: „Wie wenn ein Bulle verkauft wird."

„Genau", antwortete Klingender. „Dieses Gemälde ist ein erstklassiger Zuchtbulle." Er fuhr fort, dass die Australische Nationalgalerie der Käufer sein könnte, oder ein ausländisches Museum. „Es könnte auch eine Privatperson sein, die das Bild in ihrem Haus aufhängt." Gelächter brach aus bei dem Gedanken, dass ein einziger Mensch ein Haus haben könnte, das groß genug für dieses Bild wäre. Skipper stand auf und sagte, er mache sich Gedanken, wie viel das Bild mindestens einbringen würde. Zustimmendes

HITLER PAMBA
Seinen Vornamen gab ihm der weiße Boss einer Rinderfarm

Gemurmel erhob sich. Nach weiterer Beratung beschlossen die Künstler, dass sie mehr als 20 000 Dollar für das Gemälde wollten. Klingender lächelte. „Wir bewegen uns auf sicherem Boden", flüsterte er mir zu. Seine Schätzung für Ngurrara I belief sich auf 300 000 Dollar, und da Sotheby's entschieden hatte, auf die übliche Kommission zu verzichten, würden die Künstler fast die gesamte Summe erhalten. Doch weil der Ausgang einer Auktion unsicher ist, vor allem bei einem einzigartigen Werk, ließ Klingender die Gruppe nichts von seiner Schätzung wissen. Er sagte nur, er denke, ihre Erwartungen würden erfüllt werden.

Eine kurze, lebhafte Besprechung folgte. Leute spazierten auf dem Gemälde herum. Jemand schüttete ein Glas Likör darauf aus. Chuguna ging hinaus und betrachtete die sich zusammenziehenden Wolken. „Ein großer Regen ist im Anzug", sagte sie. „Ich muss zurück, die Kinder kommen aus der Schule." Plötzlich, ohne eine Abstimmung oder dramatische Erklärung, teilten die Künstler mit, dass sie zu einem zweiten Entschluss gekommen seien: „The little shorty one" konnte gehen.

Es war tatsächlich ein großer Regen im Anzug. In der Nacht näherte sich ein Tief der Küste, das Straßen überschwemmte und Flughäfen schloss. Klingender und ich schafften es gerade noch nach Broome zurück, bevor der Great Northern Highway überflutet wurde. 14 Tage später traf Ngurrara I in Melbourne ein, wo die Restauratoren von Sotheby's jeden Zentimeter der Leinwand mit Wasser und Ethylalkohol reinigten. „Die konnten nicht glauben, was da herunterging", erzählte mir Klingender. „Eimerweise roter Schlamm." Die Leinwand wurde vorsichtig glatt gebügelt und dann auf einen kunstvoll konstruierten Rahmen gespannt; eine neue schwarze Einfassung verbarg die unregelmäßigen Ränder. Während der mit Spannung erwarteten Auktion wurde das Gemälde für 213 000 Dollar an einen Geschäftsmann aus Perth verkauft, der es inzwischen langfristig an die Nationalgalerie von Victoria verliehen hat.

In Fitzroy Crossing wartete auf Ngurrara II ein anderes Schicksal: Die Aborigines entschieden, mit dem Bild einen Ausflug an jene Orte zu machen, die es darstellt. Kurz darauf brachen sie in einem Konvoi zerbeulter Lkw und Geländewagen auf. Sie kampierten in einer sandigen Flussbiegung von Cherrabun Station, der riesigen Rinderfarm, auf der Skipper vor fast einem halben Jahrhundert zum ersten Mal Weiße getroffen hatte. Im hellen Sonnenlicht eines klaren Morgens entrollten die Künstler ihre Leinwand auf dem Boden. Unter ihnen war Spider Snell, der mit über 70 Jahren ein eleganter und überraschend lebhafter Tänzer ist. Er drehte sich auf dem Gemälde, und dabei begleiteten ihn Jungen, die normalerweise ein Internat südlich von Perth besuchen, tausende Kilometer weit weg. Drei Tage lang teilte der alte Mann seine Geschichten mit den Schülern. Geschichten von Träumen, von Wasser, vom Überleben und von der Vergangenheit – die in den dicken Farbwirbeln unter ihren Füßen am Leben gehalten wurden. ❙

Geraldine Brooks, 49, wuchs in Australien auf. Elf Jahre reiste sie für das Wall Street Journal durch Krisengebiete, heute lebt sie im US-Bundesstaat Virginia. Um in ihre Heimat zurückzukehren, muss sie nur den Kühlschrank öffnen. Dort steht immer ein Glas *Vegemite*, australischer Brotaufstrich. Fotograf **Stephen Dupont**, 38, stammt aus Sydney. Bereits mit 18 umrundete er das erste Mal die Welt. Heute lebt er wieder dort, wo er einst loszog.

Vom Leben am *Meer*

Was für eine Insel! Über 35 000 Kilometer Küste und tausende Strände. In kaum einem anderen Land prägt das Meer die Freizeit der Menschen so stark wie auf dem fünften Kontinent. Mehrere Jahre hat die Fotografin **Narelle Autio** das Leben am Wasser beobachtet: eher die Randszenen als die große Schwimmoper, eher das alltägliche Sommertheater als das Spektakuläre. Das Ergebnis: ein intimer Einblick in das australische Lebensgefühl

LINKS **Weil ihr das Meer als ständige Gefahr erscheint, versucht die wasserscheue Hündin Shirley, ihren Schützling ans sichere Ufer zu bringen. Dem »Ziehkind« gefällt seine Rettung so gut, dass es daraus längst ein Spiel gemacht hat.**
OBEN **Die Australierin Narelle Autio zählt zu den bedeutendsten Fotografen ihres Landes. Ihr Lebensweg war immer untrennbar mit dem Wasser verbunden – schon das Krankenhaus, in dem sie geboren wurde, lag direkt am Meer**

Das Meer *ködert* jeden auf seine Weise

Wo *Liegenschaften* baden gehen

LINKS Walgang am Strand von South West Rocks. Neben aufblasbaren Gummisäugern leben noch 43 Wal- und Delfinspezies in Australiens Gewässern, die sich über die gigantische Fläche von elf Millionen Quadratkilometern erstrecken. LINKS UNTEN Obwohl nicht selten, sorgen in der Innenstadt von Port Lincoln zwei Strandnixen für interessierte Blicke. Meer-Experten sind die grazilen Geschöpfe unter dem Namen »beach babes« ein Begriff. Besondere Merkmale: bevorzugtes Auftreten in Schwärmen und alljährliche Rückkehr in angestammte Jagdreviere. RECHTS OBEN Familientag am Brighton Beach in Victoria. Rund 80 Prozent der Australier leben weniger als 50 Kilometer von der Küste entfernt. Wessen Liebe dem Meer gehört, der bringt sogar seine Braut für das Hochzeitsfoto her. RECHTS Warmer Westwind trägt die Wellenspitzen ab und überzieht die Schwimmer mit einem salzig schmeckenden Gischtregen, obwohl der Name »Freshwater Beach« eigentlich anderes verspricht

OBEN Ende eines Wettkampftages im Hochseeangeln. Für die Teilnehmer zählen nur die größten unter den mehr als 4000 hier lebenden Fischarten. Trophäen wie der in seinem Befreiungskampf erstickte Schwarze Marlin im westaustralischen Coral Bay sind dennoch die Ausnahme – eigentlich wird jeder Fang bei den »tag and release«-Veranstaltungen nach dem Vermessen wieder ausgesetzt. LINKS Salto Australe! Jugendliche Sprunghaftigkeit am Anlegesteg von Glenelg bei Adelaide. RECHTS OBEN Der Rauch und die Flammen schwerer Buschfeuer im Grüngürtel um Sydney sorgen am Himmel über Manly Beach für einen bizarren Sonnenuntergang. Die Schwimmer hält das aber nicht von einem kühlen Bad ab, das wie eine Feuertaufe der ganz eigenen Art erscheint. RECHTS Durch ein Felsenriff entsteht am Clovelly Beach bei Niedrigwasser ein Naturpool in der Größe von zwei Olympia-Becken. Wer schnorchelt, bekommt viel zu sehen: Tintenfische, Zackenbarsche und die neueste Bademode

Gefangen vom *Zauber* der See

Eintauchen in den Farbenrausch

MULTIKULTI? GANZ BESTIMMT! EVENTUELL. VIELLEICHT?

Sind Sie Klavierstimmer oder Diät-Assistentin? Dann herzlich willkommen in Down Under! Australien sucht Sie, es braucht Einwanderer. Doch gleichzeitig betreibt es die härteste Flüchtlingspolitik der westlichen Welt. Asylbewerber müssen oft Jahre in Lagern aushalten

TEXT: OLAF TARMAS

Christmas Island, 2600 Kilometer nordwestlich von Perth im Indischen Ozean gelegen, ist ein tropischer Garten Eden. Üppiger Regenwald hüllt drei Viertel der Insel grün und feucht ein, zu Beginn der Regenzeit ziehen Millionen von feuerroten Landkrabben Besucher an. Außerdem kann das Tourismusbüro des 135 Quadratkilometer großen Eilands mit sagenhaften Tauchgründen werben – und auf der Startseite seiner Homepage auch mit der reizvollen Bevölkerungsmischung aus Chinesen, Malaien und Australiern.

Dieser Multikulti-Mix wurde nach 2001 noch von Afghanen, Irakern und Vietnamesen ergänzt. Nur: Die australische Marine hatte die Männer, Frauen und Kinder in den Gewässern vor der Insel abgepasst und in ein *detention camp* eskortiert. Zwölf Vietnamesen harren derzeit noch in dem Auffanglager aus, hinter Stacheldraht, weit weg von den samtsandigen Stränden.

Ihr Vorgehen kleidet die Regierung unter Premierminister John Howard in zwei kurze Worte: „Pazifische Lösung". Im Hoheitsgebiet vor der australischen Küste lässt sie Dschunken, Boote und Frachter abfangen und deren Passagiere auf Inseln bringen, die alle eines gemeinsam haben: Sie wurden 2001 aus der „Australian Migration Zone" ausgeschlossen und liegen nun – ähnlich wie das US-Lager Guantánamo – in einer Grauzone, in der Festgehaltene dem Ermessen der Behörden ausgeliefert sind.

Trotz dieser rigiden Politik ist Australien noch immer ein klassisches Einwanderungsland: Zwischen 80 000 und 100 000 Menschen kommen jedes Jahr, vor allem aus Neuseeland, Großbritannien und China. Allerdings sucht sich die Immigrationsbehörde neue Mitbürger mittlerweile sehr gut aus: Sie will den *skill stream* nach Australien lenken, den Strom der gut ausgebildeten Akademiker und Facharbeiter. Begehrt sind derzeit: Köche, Dachdecker, Krankenschwestern, Piloten, Schuhmacher, Klavierstimmer und Diät-Assistenten.

Dagegen werden „unproduktive" Großeltern, Ehepartner und Kinder von bereits im Land lebenden Bürgern, die noch in den 1990er Jahren einen Großteil der Zuwanderer ausmachten, nicht mehr gern gesehen. Mit dieser drastischen Einschränkung soll vor allem der Zuzug asiatischer Angehöriger gebremst werden. Denn die Furcht vor den vermeintlich herandrängenden „gelben Horden" ist nach wie vor tief verwurzelt im Bewusstsein einer Nation, die weiß, wie sehr sie auf Zuwanderung angewiesen ist.

Der Grundwiderspruch zwischen Offenheit und Abschottung zieht sich schon durch die frühe Geschichte der Nation: Während des Goldrausches in den 1850er Jahren war den weißen Schürfern bereits ihre erfolgreiche chinesische Konkurrenz suspekt. 1857 und 1860 verwüsteten sie Camps „der Zopfträger" in Buckland River und Lambing Flat. Zur gleichen Zeit holten weiße Zuckerrohrfarmer melanesische Insulaner in großer Zahl ins nordaustralische Queensland, weil sie billige Arbeitskräfte auf ihren Plantagen brauchten. Ein Vorgehen, das der Süden entschieden ablehnte – nicht aus humanitären Gründen, sondern aus Angst vor Überfremdung.

Der Drang zur Abschottung wurde schließlich sogar zur Triebfeder der australischen Staatsgründung 1901, die mit der offiziellen Einführung der so genannten „White Australia Policy" einherging. Wichtigstes Instrument des neuen Einwanderungsgesetzes war ein Sprachtest – nicht etwa auf Englisch, sondern in einer beliebigen europäischen Sprache, die Beamte vor Ort willkürlich festlegten. Den Journalisten Egon Erwin Kisch, der sieben Sprachen beherrschte, ließ man 1934 an einem Diktat in schottischem Gälisch scheitern.

Überdacht wurde die Politik erst nach dem Zweiten Weltkrieg, in dem die militärische Verwundbarkeit des Kontinents deutlich gewor-

Dunkle Seite: Bootsflüchtlinge klammern sich an den Maschendraht des Lagers auf der Pazifikinsel Nauru

den war. Nur ein dichter besiedeltes Australien – lautete nun die Position der Regierung – würde sich in Zukunft gegen Angriffe asisatischer Mächte verteidigen können. Und weil auch der Industrie Arbeitskräfte fehlten, wurde eine neue Losung ausgegeben: *Populate or perish*, „Bevölkern oder untergehen".

Ziel war ein Bevölkerungswachstum von einem Prozent pro Jahr – und das war allein mit Westeuropäern nicht mehr zu schaffen. Die Regierung holte nun *beautiful balts* ins Land: Esten, Letten und Litauer. Schließlich rang sie sich durch, auch Südeuropäer zu akzeptieren. Trotz einer parallel gestarteten „Bring out a Briton"-Kampagne, die Bewohner des Mutterlandes Großbritannien nach Australien locken sollte, stellten Italiener, Griechen und Jugoslawen zwischen 1950 und 1970 den Löwenanteil an Immigranten. Die meisten entwickelten eine „Hybrid-Identität": Sie fühlten sich als Australier, hielten aber zugleich engen Kontakt zu den Landsleuten aus ihrer ehemaligen Heimat. Viertel wie Carlton in Melbourne oder Leichhardt in Sydney wurden zu Hochburgen der Italiener, Melbourne wurde gar zu einer der Städte mit den meisten griechischen Einwohnern überhaupt. Eine homogene Gesellschaft unter britischer Leitkultur, die vielen Australiern noch immer vorschwebte, erwies sich angesichts solcher ethnischer Viertel als Illusion.

Ab 1966 gab die Regierung die Politik des „Weißen Australien" auf und ließ nun zunehmend Chinesen, Vietnamesen und Inder einwandern. Auch für Flüchtlinge wurde Australien zum sicheren Hafen. Die multikulturelle Euphorie reichte bis in die Mitte der 1980er Jahre. Dann stieg die Arbeitslosigkeit, die Stimmung begann zu kippen. 1993 waren sich 70 Prozent der Bevölkerung einig, dass die Einwanderungspolitik „zu weit" gegangen sei. Drei Jahre später gewann die konservative Liberal Party unter John Howard die Wahl und vollzog sofort eine Kehrtwende in der Immigrationspolitik.

Flüchtlinge und Asylbewerber wurden wieder zu unerwünschten Personen. Wer es dennoch ohne gültige Papiere ins Land schaffte, landete in berüchtigten Internierungslagern wie Woomera und Baxter. Ein großer Teil der Häftlinge verbrachte dort viele Jahre hinter Elektrozäunen, bis ihr Asylbegehren geprüft war. Selbstmordversuche, Selbstverstümmelungen und spektakuläre Ausbruchsaktionen, wie 2002 in Woomera, sorgten weltweit für Aufsehen. Wiederholt kritisierten Amnesty International und die UN-Menschenrechtskommissarin „unmenschliche Zustände" in den Lagern, besonders für Frauen und Kinder. Premierminister Howard konnte das nicht erschüttern. Eine schweigende Mehrheit stimmte stets der harten Haltung des Regierungschefs zu.

2001 verweigerte Howard dem norwegischen Frachter „Tampa" wochenlang die Einfahrt in einen australischen Hafen. Auf dem überfüllten Schiffsdeck saßen in der prallen Sonne afghanische Flüchtlinge, die der Kapitän zuvor aus Seenot gerettet hatte. Schließlich wurde die „Tampa" zum winzigen Pazifikstaat Nauru abgeschoben, den Australien für die Internierung der Flüchtlinge bezahlte. Im März 2004 ließ Howard eine Telefonnummer einrichten, unter der illegale Einwanderer angezeigt werden können. Innerhalb eines Jahres gingen 39 000 Anrufe ein.

Seit dem Bombenanschlag von Bali 2002, bei dem 88 Australier starben, und dem Angriff auf die australische Botschaft in Jakarta 2004 hat der alte Mythos von den „gelben Horden" noch eine weitere Dimension: Heute bezieht sich das Unbehagen vor allem auf muslimische Flüchtlinge aus Afghanistan, Irak oder Indonesien, die von vielen als potenzielle Terroristen wahrgenommen werden.

Bunte Seite: Chinesisches Neujahrsfest in Melbourne; Menschen aus 140 Nationen leben in der Stadt

Die Abriegelung des Wasserweges von Indonesien durch die „Pazifische Lösung" ist so effektiv, dass sich die Regierung im Juni 2005 überraschend großzügig zeigen konnte: Sie kündigte an, künftig auf die Internierung von Frauen und Kindern in Hochsicherheitslagern verzichten zu wollen und rund 4000 seit Jahren schwebende Verfahren mit temporären Visa oder der Einbürgerung der Betroffenen zu beenden. Zu den Begünstigten zählt auch Australiens derzeitiger Rekordhäftling Peter Qasim, der fast sieben Jahre von Lager zu Lager geschoben worden war. Er habe die Nachricht zur Kenntnis genommen, teilte seine Anwältin mit, ihr Mandant sei aber momentan zu keiner positiven Gefühlsäußerung fähig: Der Inder aus Kaschmir ist seit einigen Wochen in einer psychiatrischen Klinik, wie viele seiner Leidensgenossen. ❙

Olaf Tarmas, 37, ist freier Journalist in Hamburg. Bei seinem letzten Besuch in Australien informierte er sich im Immigration Museum in Melbourne, um gleich darauf die Vorzüge der multikulturellen Gesellschaft zu genießen: eine Peking-Ente in Chinatown.

Fast 150 Jahre hat es gedauert, bis sich Australien seinen großen Traum erfüllte und Schienen durch das

In 48 Stunden durch drei Welten: Wie eine endlose Schlange zieht sich der »Ghan« durch tropisches Grün südlich von Katherine. Zwei Tage zuvor ist der Zug in Adelaide gestartet, das staubige Landesinnere hat er schon hinter sich

DER OUTBACK-EXPRESS

rote Zentrum bis in den Norden verlegte. Auf ihnen fährt nun ein Zug, schwer beladen mit Hoffnung

TEXT: MEIKE KIRSCH FOTOS: PABLO CORRAL VEGA

Die Werbebroschüre hatte das „elektrisierendste Abenteuer Ihres Lebens" versprochen. Für Rowenta Stevenson, 68 Jahre alt, beginnt es mit einer Warnung vor steifen Muskeln und Durchblutungsstörungen. „Darling, wir sollen regelmäßig die Füße kreisen lassen, hast du das gehört?" Sie blickt zu ihrem zwei Jahre älteren Mann. Dennis Stevenson ist nicht der Typ, der wegen einer Durchsage gleich mit dem großen Zeh wackeln würde. Womöglich noch jede halbe Stunde? Die beiden lachen. Aus dem Lautsprecher dröhnt jetzt Louis Armstrongs „Wonderful World" – das ist mehr nach dem Geschmack der Stevensons. Sie summen und singen, während die Vororte von Adelaide an ihnen vorbeiziehen, mit Bäumen und roten Rosen.

Für Rowenta und Dennis Stevenson ist dies der Vorspann eines Films, der Überlänge haben wird. Der Ghan, oder vielmehr der „legendäre Ghan", in dem sie sitzen, durchquert mit einer Durchschnittsgeschwindigkeit von gemächlichen 80 Kilometern pro Stunde in zwei Tagen und zwei Nächten den Kontinent, von Adelaide an der Südküste bis Darwin im dampfig-heißen Norden. 2979 Kilometer mitten durch das rote Herz Australiens fährt er, weshalb die Zugbegleiter nicht einfach nur Sekt zur Begrüßung reichen, sondern Sekt mit Himbeersirup, der Farbe wegen. So wollen die Stevensons ihren 50. Hochzeitstag feiern. Und weil, als sie vor neun Monaten buchten, keine Tickets mehr für den 23. Juli zu haben waren, verlegten sie ihren Jubeltag um volle vier Monate. Der Ghan war es ihnen wert.

SEIT SICH DER ERSTE ENTDECKER DURCH DEN KONTINENT

Auf diesen transkontinentalen Zug hatten die Australier lange gewartet – im Grunde, seit sich der Entdecker John McDouall Stuart 1862 als Erster von Süden nach Norden durch den Kontinent kämpfte und, wieder zurück in Adelaide, über das Ausmaß der wasserlosen, von ungeheurer Hitze gequälten Wüste im Inneren berichtete. Eine Bahnlinie entlang Stuarts Route, träumten Visionäre damals, würde Australien näher an Indonesien, Indien und China rücken. Sie würde den fast unbesiedelten Norden aufblühen lassen, ein florierendes Import- und Exportgeschäft möglich machen. Kurz: Die Isolation des Kontinents wäre überwunden.

Doch die Wüste war so leicht nicht zu bezwingen. Enthusiasmus und Geld der goldenen Rauschzeiten reichten von Port Augusta an der Südküste, wo die Arbeiten an der Bahnstrecke 1878 begannen, gerade bis in den Staub von Oodnadatta, 800 Kilometer nördlich. Dort, in der Einöde, war Endstation. Erst 1929 rollte der Ghan 500 Kilometer weiter. Dampfend und stöhnend erreichte er den Kessel von Alice Springs im Zentrum Australiens, den endgültigen Friedhof aller frühen Pläne.

Im Norden erstarb das Bahnfieber ebenfalls jäh: Südlich von Darwin waren 1929 gerade 500 Kilometer der Wildnis abgetrotzt, da markierte in Birdum schon ein Prellbock das Ende der Träume. Mitten im Nichts gab es außer ihm nicht viel mehr als Termiten, denen hölzerne Bahnschwellen vorzüglich schmeckten. Außerdem schwollen ausgetrocknete Flüsse an, rissen an den mageren Gleisen – und doch kam der Zug immer an. Wenn auch mit bis zu vier Wochen Verspätung. Das nährte seinen Mythos, denn noch zuverlässiger in der Lebensfeindlichkeit des Outbacks waren nur Kamele und ihre Treiber aus Indien und vor allem Afghanistan. Die gängige Abkürzung für die Männer war „Ghan", ein Name, den der damals neue Zug ihnen zu Ehren erhielt.

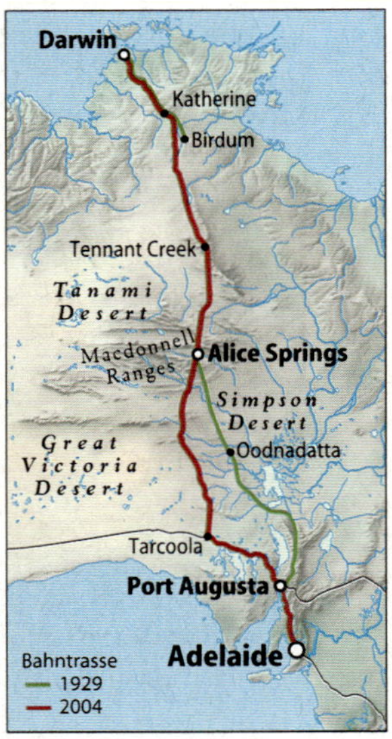

Mobiles Einsatzkommando: Vor Abfahrt in Adelaide putzen Zugbegleiterinnen die bis zu 900 Panoramafenster. Streifenfrei, natürlich. Und dann konzentrieren sich nicht einmal alle Passagiere im Gold-Kangaroo-Speisewagen auf die Aussicht!

Doch näher als im Jahr 1929, das fraß sich schmerzlich ins Bewusstsein der noch jungen Nation, wollten sich nördliche und südliche Linie einfach nicht kommen. Eine Lücke von gut 1000 Kilometern klaffte zwischen den Endstationen. Und statt zu schrumpfen, wurde sie größer: 1976 zum Beispiel, als die marode nördliche Linie ihren Betrieb wieder einstellen musste. Aus der stolzen Transkontinentalen war eine Never Never Line geworden, aus der kühnen Vision – kühle Utopie.

Versprechen und Beteuerungen allerdings blieben so zahlreich wie die Bahnschwellen, die zwischen Alice Springs und Darwin noch zu verlegen waren. Premierminister Malcolm Fraser erhielt für seine Ankündigung, die Lücke bis 1988 zu schließen, kistenweise Champagner. Voreilig, wie sich herausstellte, denn Fraser verlor die Wahl 1983, und sein Nachfolger verwarf alle Bahnpläne, noch bevor er den Champagner getrunken hatte, der ihm für den Sieg geschickt worden war.

Doch dann kam, was das renommierte US-Magazin „Global Finance" den „Deal des Jahres" nannte: Die Regierungen von South Australia und dem Northern Territory beauftragten 1999 „Asia Pacific Transport", ein Konsortium unter amerikanischer Leitung, den Traum der Nation endlich zu verwirklichen. In 300 Verträgen mussten die Einzelheiten festgezurrt werden, bevor Premierminister John Howard einen Spaten in den harten Outback-Boden stechen durfte – eine fast lächerliche Geste angesichts der Dimensionen des Projekts: Es ging um 15 Millionen Kubikmeter Erde, die bewegt werden mussten, zwei Millionen Bahnschwellen – allein der zu Schienen gegossene Stahl wog so viel ›

KÄMPFTE, WARTETE DIE NATION AUF DIESEN ZUG

STUNDENLANG DERSELBE AUSBLICK: DAS IST DAS GRANDIOSE

Der roten Erde so nah: Ein Soldat genießt mit geschlossenen Augen die warme Luft, die in den Frachtzug strömt. Im Passagierzug dagegen lassen sich nicht einmal Fenster öffnen. Das Outback fühlen oder riechen, so wie es dieses Aborigine-Mädchen kann? Unmöglich

wie vier Bögen der Sydney Harbour Bridge. Die Kosten summierten sich auf 1,3 Milliarden australische Dollar.

Außerdem war eine teure Aufklärungskampagne nötig. Viele Bewohner im Landesinneren kannten einen Zug, wenn überhaupt, bis dahin nur aus dem Fernsehen. „Schlafen Sie nicht auf den Schienen! Schienen sind für Züge da!", warnten Plakate, bevor am 15. Januar 2004 der erste Frachtzug die neue Strecke befuhr. Zweieinhalb Wochen später folgte der Ghan mit Passagieren, die bis zu 12 000 Dollar bezahlt hatten, um Geschichte atmen zu dürfen. So mächtig war das Bedürfnis, an der historischen Durchquerung des Kontinents teilzuhaben, dass es Zehntausende an die Gleise lockte. Sie schwenkten Hüte, australische Flaggen und Plakate, auf denen für den Anlass gar nicht genug Ausrufezeichen gemalt sein konnten: „Endlich!!!" Das ganze Land umjubelte den Zug.

Ein gutes Jahr nach der Jungfernfahrt, beobachtet Rowenta Stevenson, winken nur noch wenige. Eigentlich sind es lediglich ein paar Menschen im Feierabendverkehr, die vor Schranken warten müssen. Louis Armstrong hatte aufgehört, die wunderbare Welt zu besingen, die Vororte Adelaides waren den Wiesen der Flinders Ranges gewichen. Tausende Schafe weiden hier auf sattem Grün, und mindestens ein Tier pro Herde erschrickt immer vor dem auf Schienen vorbeirollenden Etwas und zieht die anderen in kopfloser Panik mit.

Der Barwagen des Zuges erzittert ebenfalls in rhythmischer Regelmäßigkeit, und doch ist er wesentlich besser gefedert, als es die Schlafwagen des Ghan sind. Diese stammen, obwohl jeder vom „neuen Zug" spricht, noch aus den frühen 1970er Jahren. Das ist australische Prioritätensetzung, wie Dennis Stevenson sie liebt: Nur nicht das Bier verschütten! Er holt sich eine zweite Dose. Seine Frau ist im Gespräch mit der Nachbarin schon bei den jeweiligen Enkelkindern angelangt.

In diesem Gemeinschaftswagen der ersten Klasse sitzen keine Farmer mit staubigen Stiefeln oder gar Minenarbeiter. *Gold Kangaroo* reisen fast ausschließlich silberhaarige Nomaden, australische Rentner, die nach der Pensionierung plötzlich bemerken, dass ihr eigenes Land sie nicht kennt. Die Zugbegleiter reichen ihnen zum *sunset dinner* Forellenstreifen und Mangoparfait mit frischem Minzeblatt, angerichtet wie in einem Sterne-Restaurant. Am Zugende hängt ein Not-Gefrierschrank mit Lammkeulen und Barramundi-Fischfilets als Extrawaggon. Sollte die Lokomotive kollabieren, niemand müsste mehr wilde ›

Ziegen schießen, wie es die Schaffner der 1930er Jahre taten.

Am nächsten Morgen, als die Stevensons ihre Jalousien am Fenster hochkurbeln, ist die Landschaft ausgetauscht: Nur Spinifex, ein scharfes Gras, und dürrer Salzstrauch behaupten sich noch auf der rötlichen, mit Eisenoxid versetzten Erde. Mehr Vielfalt ist draußen nicht auszumachen. Dagegen weht im Zug – die gewaltige Sonne hat sich noch nicht einmal vollständig vom Horizont gelöst – aus jeder Kabine ein anderes Aftershave. Bei Rowenta und Dennis Stevenson versammeln sich die Gerüche in unangenehmer Konzentration. Frau Stevenson schaut leidend, denn die doppelt verglasten Fenster des Zuges lassen sich nirgends öffnen. Ob Outback-Luft nach Abenteuer riecht? Diese Frage muss unbeantwortet bleiben, so hermetisch riegelt der Ghan seine Passagiere ab.

Auch die Außentemperaturen sind bei konstanten 23 Grad in den gekühlten Kabinen nur zu erahnen. Dann zum Beispiel, wenn sich Kühe auf der Suche nach Schatten selbst in die stacheligen Zweige eines mickrigen Mulga-Strauches drängen. Später sieht man Schafe, und wäre Gras da gewesen, hätte man sagen können, sie weiden, doch ist auch nicht die Spur von Grün zu entdecken. Nur wasserlose Unendlichkeit, die sich gleichbleibend auch nach Stunden unter dem klaren Himmel dehnt. Ein Passagier im Barwagen sieht in der Ferne drei davonhüpfende Kängurus, klein wie Hasen sind sie nur noch – und versetzen doch den Club der reisenden Rentner in eine Aufregung, die sich in den drei Stunden bis Alice Springs nicht mehr legen will.

Die Stadt mit ihren 26 000 Einwohnern kocht bei 42 Grad Celsius zwischen den Gebirgszügen der Macdonnell Ranges, als der Ghan gleich einem Kreuzfahrtschiff anlegt und seine Passagiere an Land strömen lässt. Im Ticket-Preis der Gold-Kangaroo-Klasse inbegriffen ist der Eintritt in den nahen Desert Park. Doch bei der Hitze will niemand die Pflanzen- und Tierwelt der Wüste studieren. Viele drängen sich, wie Rowenta und Dennis Stevenson, im klimatisierten Souvenirladen, bis nach knapp zwei Stunden der Zug die Türen wieder hinter ihnen schließt. Von Alice Springs bleibt nur das seltsame Gefühl, gar nicht dort gewesen zu sein – und eine Schläfrigkeit, die den Weg in die Kabinen findet, noch bevor sich der Ghan wieder in Bewegung setzt.

Im Zug lassen sich die unterschiedlichsten Schlafpositionen studieren. Die Kabinentüren stehen offen, weil die Enge tagsüber nicht anders zu ertragen ist: Eine Frau hat die Beine hochgelegt, während der Kopf ihres Mannes gleichförmig im Takt der Erschütterung wippt – und plötzlich heftig ins Leere kippt. Der Ghan wechselt mit einem Ruck von den alten auf seine neuen Gleise – 142 Jahre lang hatte die Nation auf diesen Moment gewartet.

Dass der „legendäre Zug" – dieses Adjektiv wird in keiner der Durchsagen an Bord je vergessen – endlich bis Darwin fährt, verhilft seiner Betreibergesellschaft „Great Southern Railway" zu Buchungsrekorden: Statt der erwarteten 45 000 Passagiere versüßten 70 000 die Bilanz des ersten Jahres. Um der Nachfrage gerecht zu werden, koppelte die Gesellschaft einen Waggon nach dem anderen an – bis die Bahnsteige für den 1,2 Kilometer langen Zug endgültig zu kurz waren und die Gäste vom Gleisbett aus zusteigen mussten. Von Mai bis Juli verkehrt seither ein weiterer Passagierzug pro Woche.

In den Zahlenkolonnen jedoch, die den Erfolg oder Misserfolg der Bahnstrecke zwischen Adelaide und Darwin offenbaren, ist der Ghan – so vielversprechend gestartet er auch ist – eine zu vernachlässigende Größe. Viel wichtiger für die kühlen Rechner, die den Mythos durch ihre Investitionen befeuerten, ist der Frachtzug, mit dem sich der Ghan die eingleisige Strecke teilt. Die Hierarchie der Züge dabei ist klar: nördlich von Alice Springs können sich entgegenkommende Züge an nur vier Stellen passieren – und immer muss der Passagierzug auf den Frachtzug warten, manchmal stundenlang.

Anfangs sah es so aus, als hätte auch der Frachtzug die Erfolgsspur auf Anhieb gefunden: 130 Roadtrain-Fahrer und 500 Zulieferer verloren ihre Jobs, weil das, was sie

DIE NEUE LINIE IST EINE INVESTITION IN DIE ZUKUNFT,

Australische Transportgeschichte: Container werden an der modernen East Arm Wharf in Darwin, der Endstation, von der Schiene gehievt. Lange waren Kamele die einzigen Lastenträger. Im 19. Jahrhundert wurden sie von Afghanen getrieben, ihnen verdankt der Ghan seinen seltsamen Namen

SIE RÜCKT DAS LAND NÄHER AN DIE MÄRKTE IN ASIEN

bisher in ihren gigantischen Lastwagen transportiert hatten, auf die Schiene wanderte. Doch dann häuften sich Beschwerden: Fahrpläne konnten nicht eingehalten werden, Waren kamen beschädigt an. Verderbliche Güter wie Mangos, Fisch und Fleisch wurden wieder in Roadtrains geladen. Im Februar 2005 sprang einer der Hauptkunden ab – und auch das internationale Geschäft, das Darwin am Ende der Bahnstrecke aufblühen lassen soll, hat sich noch nicht entwickelt. Australiens nördlichsten Hafen verließen im ersten Jahr nur 16 000 Tonnen Fracht, die auf der Schiene dorthin transportiert worden waren, gerade 989 Container.

Eine „klassische Huhn-und-Ei-Situation", wie die Verantwortlichen klagen: Darwin ist zu teuer, weil wenige Container umgesetzt werden. Wenige Container werden umgesetzt, weil Darwin zu teuer ist. Die Reeder lassen lieber gleich die Zentren des Landes anfahren: Sydney, Melbourne, Adelaide. Darwin haben sie noch nicht auf der Seekarte, obwohl die 100 000-Einwohner-Stadt wie keine zweite günstig zu Asien liegt. Die Zukunft der Bahnlinie wird sich deshalb an einer Frage entscheiden: Wird es Darwin gelingen, den Teufelskreis der Bedeutungslosigkeit zu durchbrechen? Nur dann kann auch der Traum vom prosperierenden Norden in Erfüllung gehen.

Noch ist der Ghan mit Rowenta und Dennis Stevenson fast 1000 Kilometer von Darwin entfernt. Im nächtlichen Tennant Creek – einer der wenigen Siedlungen an der Strecke – verschlucken dichte Insektenschwärme das Licht der Scheinwerfer. Die Nachtschaffnerin schleicht durch die Gänge des Zugs, kontrolliert die Lampen, die an jeder Kabine für Notfälle angebracht sind. Nirgendwo leuchtet es, und doch hat die gelernte Krankenschwester kein gutes Gefühl: Einige der Ghan-Passagiere sind krank. Sie leiden vor allem daran, im hohen Alter um jeden Preis mit dem „legendären Zug" den Kontinent durchqueren zu wollen – mit einem Körper, der solche Strapazen nicht mehr erlaubt. Great Southern Railway hat nur einen Todesfall seit Februar 2004 bekannt gegeben. Die Zugbegleiter aber erzählen: An Bord sind weit mehr Passagiere gestorben. Vier Tote in vier aufeinander folgenden Fahrten seien bisher trauriger Rekord gewesen. Die Schaffner haben sich an weinende Angehörige gewöhnen müssen. Untereinander scherzen sie mittlerweile, dass sie selbst „gern so gehen möchten – nach gutem Essen, einem schönen Glas Wein".

Auch zwei Geburten hat es im Ghan schon gegeben – Stunden vom nächsten Bahnhof und zu weit von den Startplätzen der *Flying Doctors* entfernt, die mit kleinen Flugzeugen im Outback Leben retten. Auf dem engen Gang, zwischen den Sitzreihen der zweiten Klasse, kamen die Babys zur Welt. Hier darf sich nur hinlegen, wer hochschwanger ist – obwohl einige Passagiere in dieser zweiten Nacht seit Abfahrt ›

Ausstiegshilfe für Senioren: Mit Gabelstaplern wird die Hauptklientel des Ghan am Ende des Abenteuers in Darwin behutsam aus dem Zug gehoben. In Alice Springs und Katherine stehen klimatisierte Busse bereit, die die Passagiere genau vor der Tür des Waggons absetzen

Schlangen bilden sich vor den Toiletten, aus der Dusche kommen Frauen mit gezwirbelten Handtuch-Turbanen. Die Hauptattraktion aber ist einmal mehr die Landschaft, die sich über Nacht verändert hat: Draußen stehen nun Eukalyptusbäume mit stattlichen Kronen dicht an dicht, ren, durch die Haare streichen. E-Mail-Adressen haben die beiden schon kurz nach Adelaide ausgetauscht, ihre beginnt mit *sweetbabydoll* – und so kichert Elise auch. „Ohne Sinan", sagt sie, „wäre ich längst tot vor Langeweile." Auch mit dem Ort Katherine, dem zweiten und letzten Stopp des Ghan vor Darwin, weiß das Pärchen wenig anzufangen. Beide hatten auf eine große Kulisse aus rotem Sand gehofft, auf winkende Aborigines, auf Herden von Kängurus – vergeblich.

Der Ghan fährt weiter, ohne dass draußen irgendetwas Bemerkenswertes auftaucht. Stunde um Stunde bewegt er sich einfach weiter, und nicht alle begreifen, dass genau dies das Grandiose ist: Dieser Zug wird bis in alle Ewigkeiten fahren – und trotzdem niemals am anderen Ende des Kontinents ankommen. Gerade beginnt man daran zu glauben, da steht einsam auf einer grünen Wiese das winzige Bahnhofsgebäude von Darwin. Weitere Vorboten der Stadt sind nirgends zu sehen, und doch öff-

DEN KONTINENT DURCHQUEREN – DAFÜR LEIDEN SIE

in Adelaide bereits ein Königreich geben würden für ein paar Minuten in der Horizontale. Ihre Knöchel sind geschwollen, ihre Unterschenkel pochen, und doch lässt die Nachtschaffnerin keine Ausnahmen zu: „Sofort zurück auf den Sitz!"

Die Red-Kangaroo-Klasse ist im Vergleich zu Gold Kangaroo, in der die Stevensons reisen, ein anderer Zug. Wer im Sitzen nach Schlaf sucht, ist meist jünger als 30 Jahre und nicht aus Australien. Leise geflucht wird in vielen Sprachen. Ein Deutscher, fast zwei Meter groß, hält es kurz vor vier Uhr nicht mehr auf seinem Sitz aus; er geht heiß duschen, nur um sich strecken zu können. Das ist der Preis für das günstige Ticket; die Holzklasse des Ghan konkurriert mit den ohnehin schon billigen Inlandsflügen. Adelaide–Darwin ist bereits für 220 Dollar zu haben, und auch das lässt sich mit einem Jugendherbergsausweis weiter drücken.

Ab halb sechs geht die Unruhe der Nacht nahtlos in die des Morgens über. kein Zentimeter Boden, den nicht Vegetation überwuchern würde. Auch die Termitenhügel sind wundersam gewachsen. Am Vortag nur kniehoch, messen sie nun drei Meter. Ob sie wohl mit den Armen zu umfassen wären? Aus dem fahrenden Zug aufzunehmen jedenfalls sind sie schwer. Digitalkameras speichern wenig mehr als braune Farbflecken auf grünem Grund.

Grün ist bald auch die dominierende Farbe im Zug: Offenbar hat jeder bei derselben Supermarktkette mit den praktischen tiefgrünen Leinentaschen eingekauft, um nicht auf die eingeschweißten Ei-Schinken-Burger der Cafeteria angewiesen zu sein. Sinan Dunlap, einem 20-jährigen Backpacker aus Kalifornien, sind für die neun Stunden, die der Ghan noch bis Darwin brauchen wird, nur Cornflakes ohne Milch geblieben. Aber das ist ihm egal, schließlich liegt seine Sitznachbarin Elise auf den Polstern im Cafeteria-Wagen und lässt sich von ihm den Rücken massie-

nen sich die Türen des Ghan. Rowenta und Dennis Stevenson taumeln in die gewitterschwangere Tropenluft. Dennis hält etwas verloren eine Urkunde in Händen, die ihm bestätigt, die „ultimative Reise durch das Herz Australiens" tatsächlich überstanden zu haben. Seine Frau umarmt ihre vielen neuen Bekannten, darunter eine besonders zugverrückte Rentnerin aus dem Bundesstaat Victoria, die schon fünfmal in Darwin war und jeden einzelnen der 2979 Kilometer sofort am nächsten Morgen zurückfahren wird. „Darling", Rowenta Stevenson dreht sich zu ihrem Mann um, „aber wir beide hatten genug Abenteuer, oder?"

Pablo Corral Vega, 38, zeigt Aborigines Fotos, die er von ihnen gemacht hat. Er fuhr die Ghan-Strecke auch mit dem Auto ab und hatte Angst vor einer Panne mitten im Outback. **Meike Kirsch**, 26, ist GEO-Special-Redakteurin.

Nikon
At the heart of the image
Der einzige Gepard auf der ganzen Safari.
Hätten Sie nur die Nikon D50 mit ihrer ultrakurzen Einschaltzeit dabeigehabt.
D50
NEVER MISS A MOMENT.
Wenn's schnell gehen muss, braucht man eine superschnelle Kamera. Wie die neue digitale Spiegelreflexkamera D50 von Nikon. Mit der verpassen Sie nichts. Denn in 0,2 Sekunden ist sie aufnahmebereit und bis zum ersten Foto dauert es nur einen Wimpernschlag. Dabei hat sie 6,1 Megapixel Auflösung, einen kraftvollen Akku, besonders schnelle und leise AF-S Nikkor-Objektive* und macht durch ihre einfache Bedienung fotografieren zum reinsten Vergnügen. Fangen Sie die D50 auf www.nikon.de. Aber seien Sie schnell.
* D50 Kit mit dem neuen, schnellen und leisen Objektiv Nikkor AF-S DX 18-55/3,5-5,6G ED

Wie kann man nur *Cricket* lieben?

Australier sind verrückt nach Cricket, sie spielen es in Hinterhöfen, bangen vor dem Fernsehgerät und können ausdauernd mit Statistiken der besten Batsmen jonglieren. Für Mitteleuropäer bleibt der Nationalsport ein Mysterium. Das Regelwerk füllt Hunderte von Seiten, die Spiele dauern tagelang, und meistens passiert: nichts. Eine Reporterin hat herausgefunden, was daran so großartig ist

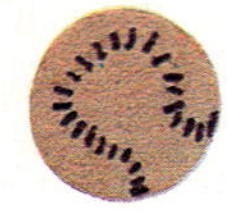

TEXT: NINA FREYDAG
ILLUSTRATIONEN: STEPHANIE WUNDERLICH

Das englische Team war übermüdet und seekrank, als es 1877 in Melbourne an Land ging. Doch davon spricht keiner, wenn jener magischen Märztage gedacht wird, da die australischen Kolonien erstmals ihr Mutterland besiegten: im Cricket, dem heiligsten aller britischen Ballspiele. Nur 40 Jahre zuvor hatte wilder Busch gewuchert, wo sich nun auf fein gestutztem Rasen weiß gekleidete Herren ein Jahrhundertmatch lieferten. Noch stank die junge Stadt zum Himmel, weil Exkremente und Abfälle ins Flusswasser geschüttet wurden. Doch war Melbourne durch den Goldrausch bereits zur größten Stadt des Kontinents gewuchert, 250 000 Menschen lebten in ihr. Sie suchten eine Identität – und fanden Cricket. Der glorreiche Sieg über England machte aus Sträflingsnachfahren erstmals stolze Australier. Seither ist Cricket für die Nation, was für uns der Fußball ist. Man sieht es überall: an den Stränden, auf den Schulhöfen, am Wochenende im Park. Und wo die Engländer 1877 aus dem Feld geschlagen wurden, steht heute das größte Cricket-Stadion Australiens: der Melbourne Cricket Ground, lässig „the G" genannt.

Donnerstagvormittag, 11.30 Uhr. Bereits seit einer halben Stunde wird gespielt, doch das gewaltige Stadion ist leer. Hunderttausend Menschen fänden hier Platz, ein paar hundert mögen bisher gekommen sein. Auf der Tribüne der ehrenwerten Clubmitglieder trudeln nach und nach ein paar betagte Herren ein. An ihren Stöcken tasten sie sich zittrig die Treppen hinunter, fallen erleichtert auf die Plastiksitze und zücken ihre Ferngläser. Die 13 Spieler auf dem Feld sind mit bloßem Auge kaum zu unterscheiden. Alle tragen die gleichen weißen Hemden und Pullunder, die gleichen langen weißen Hosen, zudem Sonnenhüte – und keine Nummern auf den Rücken. Nur so viel ist klar: Die Heimmannschaft des Staates Victoria spielt gegen Queensland; sie muss dieses Match gewinnen, um ihren australischen Meistertitel zu verteidigen.

Von Spannung auf den Tribünen trotzdem keine Spur. Schließlich ist dies nur der erste von ganzen vier Spieltagen, an deren Ende vielleicht ein Gewinner feststeht. Oder auch nicht. Cricket ist ein Sport für Duldsame. Die alten Herren plaudern nebenbei über ihre Operationen und ihr geliebtes Clubhaus, das 1928 erbaut und kürzlich abgerissen wurde, um einem Neubau Platz zu machen.

„Es war wie ein Museum", klagt Stan Rolfe, 75. Er ist seit zwölf Jahren Mitglied des Melbourne Cricket Clubs. 46 war er, als er seinen Antrag stellte. „17 Jahre musste ich warten." Dann wurde er endlich in die ehrwürdige Gesellschaft aufgenommen: „Das bedeutet Privilegien, wissen Sie."

Für seinen saftigen Mitgliedsbeitrag bekommt Rolfe nicht nur den freien Zutritt zur Mitgliedertribüne, sondern vor allem zum *members dining room*, dem erlesenen Speisesaal des Clubs, und dem *long room*, der Clubbar. Dort gilt die Kleiderordnung, die Stan Rolfe auch auf der Tribüne einhält: dunkelblauer Blazer über hellblauem Hemd, dazu Schlips und Sonnenhut auf dem Silberhaar. Ein Gentleman vom Scheitel bis zur Sohle, der in dem pikierten Ton des britischen Snobs spricht.

Mit dem Bus ist er aus dem Vorort Camberwell angereist. Nun muss er den ganzen Tag durchhalten, sieben Spielstunden plus zwei Pausen. Mittags bekommen die Spieler warmes Essen, die Nachmittagspause heißt nach alter Tradition *tea*, obwohl statt Tee längst Energiedrinks gereicht werden. Stan Rolfe aber hat in seiner Tasche Butterbrote dabei und eine Thermoskanne mit Tee, wie es sich ziemt.

„Früher sind zu den regionalen Spielen 15 000 Leute gekommen", sagt er. „Aber seit es das Fernsehen gibt, gucken die lieber internationales Cricket." Halb Australien klebt vor dem Fernsehschirm, wenn das Nationalteam fünf Tage lang gegen Pakistan, Indien oder Simbabwe antritt. Bei Länderspielen treffen sich bis heute nur England und die Völker, die sich einst der briti- ›

Die Grundidee war simpel: Ein Spieler wirft, der andere wehrt den Ball ab. Doch dabei ist es nicht geblieben

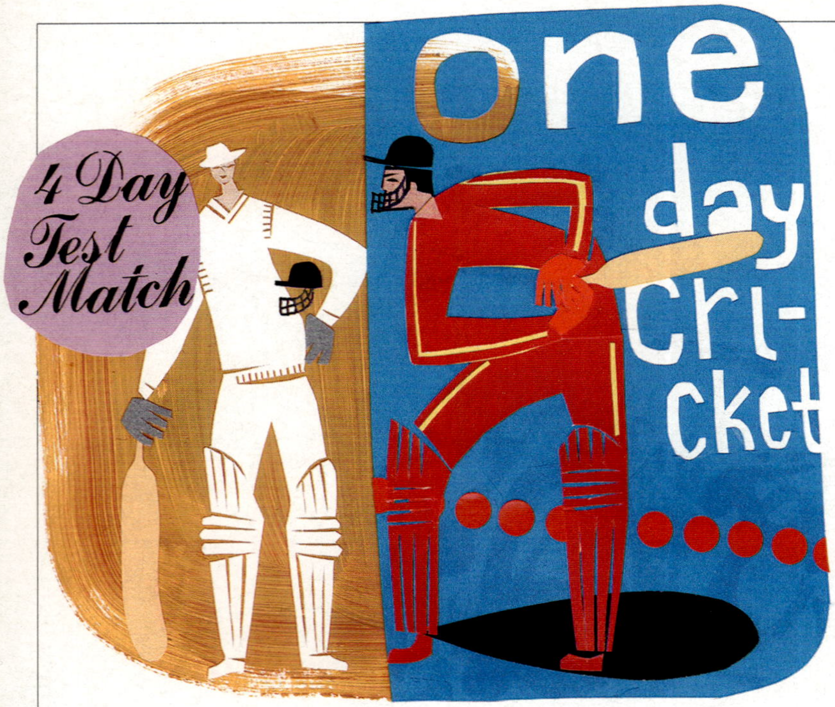

Schneller, bunter – und sportlicher: »One-Day Cricket«-Turniere lösen die ewig langen »Test Matches« ab

schen Krone unterwerfen mussten. Das fremdartige, altmodische Spiel schweißt die ehemaligen Kolonien zusammen. Und jedem kleinen Australier fließen Namen wie Muttiah Muralitharan flüssig von den Lippen – schließlich rühmen die australischen Zeitungen den Spieler aus Sri Lanka als einen der weltbesten.

Stan Rolfe war mit acht Jahren zum ersten Mal im Melbourne Cricket Ground. „Meine Tante hat mich damals mitgenommen. Sie war verrückt nach Cricket." Was er als Kind in dem vollgestopften Stadion gesehen hat, bleibt für ihn bis heute unübertroffen: Es spielte der legendäre Sir Donald Bradman. „Er war der beste Schlagmann aller Zeiten", sagt Stan Rolfe. Dann zückt er einige der Zahlen, die Cricket-Laien zur Verzweiflung treiben: „Er hatte einen Durchschnitt von 99. Der höchste Durchschnitt nach ihm war 60."

Schon im 16. Jahrhundert wurde Cricket, in primitiver Form, von englischen Bauern gespielt. Doch seine Blüte brachte der Bürgerkrieg: 1642 flohen viele Aristokraten vor Oliver Cromwells revolutionären Mannen auf ihre Landsitze, wo sie sich fortan fürchterlich langweilten. Also guckten die Lords das Cricketspiel ab und ließen sich von ihren Dienern die Bälle zuwerfen. Bis heute wirkt nach, dass die Herrschaften schrecklich viel Zeit zu verschenken hatten. Sie verfeinerten das Spiel, zogen es in die Länge, vergaben immer mehr Punkte und Positionen; heute füllt der wirre Wust aus Regeln und Ausnahmen eine dicke Schwarte.

Stan Rolfe ist ein geduldiger Lehrer. Halten wir also fest: Es gibt zwei Mannschaften von je elf Spielern. Die Schlagmannschaft hat aber stets nur zwei Spieler auf dem Feld. Sie stehen sich in einem Abstand von 20,12 Metern gegenüber, hinter sich jeweils drei senkrechte Stäbe, auf die zwei kurze Hölzchen gelegt sind. Diese heißen im Englischen *wicket,* wir nennen sie zur Vereinfachung: das Tor. Die Schlagmänner tragen Weidenholzschläger und Helme, Polsterungen vor den Schienbeinen und einen Hüftschutz unter der Hose, der sie unvorteilhaft mollig wirken lässt. Die Handschuhe sind so dick gepolstert, dass sie aussehen wie gigantische Hände missgeborener Marsmenschen.

Der Ball ist rund, und das *Spiel dauert*

Die Handschuhe sind aber bitter nötig. Cricket sieht aus der Ferne zwar lächerlich harmlos aus, doch so ein Cricketball hat eine gemeine Wucht und wird vom Gegner gern schmerzhaft platziert. Bevor die Schutzausrüstung eingeführt wurde, gab es Spieler wie den berühmten John McCarthy Blackham, der ein schöner Mann gewesen war, bis er alle seine Vorderzähne ans Cricket verlor. Ihm wurden auch viele Rippen gebrochen und jeder einzelne Finger. Die Beine schützten die Spieler im 19. Jahrhundert, indem sie sich Zeitungspapier in die Hosen stopften. Heute ist der Hautkrebs die größere Gefahr; die australische Sonne versengt die Gesichter während der langen Stunden auf dem Spielfeld.

Außer den zwei Schlagmännern gehören die restlichen elf Spieler zur Wurfmannschaft. Der Werfer, korrekt *bowler* genannt, nimmt Anlauf und zielt auf das Tor, um es umzuwerfen. Dabei kugelt er sich fast die Schulter aus, denn der Arm muss beim Wurf gestreckt von hinten über den Kopf kreisen. Der Bowler ist der Einzige, der sich beim Cricket verausgabt, deshalb darf er seinen Pullunder und den Sonnenhut einem der zwei Schiedsrichter zum Halten geben. Das ist alte, gerechte Tradition.

Der Schlagmann *(batsman)* tritt als eine Art Torwart auf, der den Ball des Bowlers abwehrt und ins Feld schlägt. Dann rennen er und sein Kollege zwischen ihren zwei Toren hin und her, um Punkte zu sammeln; so lange, bis die Feldspieler den Ball eingefangen und zu dem Mann hinter dem Tor zurückgeworfen haben. Der darf das Tor nun zerstören, falls die Schlagmänner noch am Laufen sind. Dann fliegt ein Schlagmann vom Feld, und der nächste kommt dran. Erst, wenn alle elf Spieler der Schlagmannschaft rausgeworfen wurden, ist die erste Runde zu Ende und die andere Mannschaft darf schlagen. Das kann einen ganzen Tag dauern – oder länger.

Es ist daher durchaus üblich, dass Zuschauer das Stadion zwischendurch für ein paar Stunden verlassen, um Einkäufe zu erledigen oder zu Hause den Hund auszuführen. Nur wenige haben die Zeit und den Mumm, wie Stan Rolfe einen ganzen Tag ohne Unterbrechung durchzuhalten. Von der Südtribüne hört man am zweiten Spieltag die ersten meuternden Zwischenrufe. Stan Rolfe zieht die Stirn angeekelt in Falten: „Das dort drüben nennen wir *the outer* – da sitzen die Proletarier. Die Bande kommt zu jedem Spiel." Der Bowler Shane Warne brüllt zurück: „Ruhe da oben auf den billigen Plätzen!" Stan Rolfe schüttelt den Kopf: „Den mag ich nicht, diesen Shane Warne, er ist ein *low* – aus der Unterschicht. Außerdem färbt er seine Haare." Das Gesicht des alten Herren zeigt noble Melancholie.

ewig. Während des Matches verlassen die Zuschauer das Stadion, um den Hund auszuführen

Im Outer haben die Jungs jetzt richtig Spaß. Sie lieben es, die Spieler zu provozieren. „Wir geben ihnen viele Ratschläge", kichert Ken, 69. Robert, 39, sagt: „Wir sind immer hier. Von uns hat keiner Arbeit." Die sechs Männer leben in verschiedenen Vororten, sie treffen sich nur im Stadion. „Wir haben uns über die Jahre hier zusammengefunden", sagt Garry, 45. Von der Südtribüne sehe man nämlich am besten.

Tatsächlich ist von hier eindeutig auszumachen, dass Shane Warne blonde Strähnchen im Haar trägt. Ein Jahr ist er gesperrt gewesen, weil er verbotene Pillen geschluckt hat. Auch mit einem Buchmacher hat er sich eingelassen und ihm gegen Geld mitgeteilt, ob der *pitch*, das Wurffeld, nass oder trocken, hart oder schwammig war. Dabei sind die Wurffelder heilig, sie werden mehrmals die Woche mit dem Handrasenmäher getrimmt, dann mit einer riesigen Eisenwalze so platt wie möglich gedrückt.

Trotz seiner Entgleisungen ist Shane Warne der größte Held Australiens geblieben: ein Mädchenschwarm, ein Medienstar. Er spielt sowohl für den Melbourner Vorort St. Kilda als auch für den Staat Victoria und für Australien. Spielerverkäufe, wie im Fußball üblich, sind im australischen Cricket undenkbar. Ist ein Spieler gut, wird er von seinem lokalen Club an die nächsthöhere Ebene ausgeliehen. Viel Geld gibt es für all dies nicht. Höchstens 95 000 australische Dollar Grundgehalt, dazu ein paar Tausender pro Spiel. „Eure Fußballprofis würden sich totlachen, was?", fragt Garry.

Er trägt einen Seehundschnauzer, lange, graue Locken und riecht streng. Auf der Südtribüne ist das egal. Längst sind sie Freunde: Geoff, der Rentner mit Millionärsbrille. Der stumme Koloss Michael. Alan, der mit aufgerissenen Augen historische Anekdoten stottert: „Das erste au-au-au-australische Team, das 1868 na-nanach England fuhr, waren A-A-Aborigenes. Die Missionare haben es denen beigebracht." Und Robert, der in einer selbst gezeichneten Ergebnistabelle jeden Punkt, jeden Rauswurf, jeden verfehlten Ball einträgt, säuberlich in blauer, roter und schwarzer Tinte. „Ich führe meine Statistik seit Mitte der achtziger Jahre", sagt er. „Ich denke, ins Cricket muss man hineinwachsen."

Selbst ist keiner von ihnen je in einem Stadion aufgelaufen. „Nur Hinterhof-Cricket spielen wir, aber das tut ja jeder." Dann zählen sie voll Wonne ihre selbst erfundenen Regeln auf: Geht der Ball durch das Zaunloch – vier Punkte, schlägt er gegen die Garage – zwei. In die Regenrinne – sechs! Einen richtigen Cricketball nehmen sie dafür nicht, der wäre viel zu teuer. Noch heute werden die ledernen Bälle von Hand genäht. Behelfen kann man sich mit einem Tennisball, den man mit Klebeband umwickelt: „Der tut richtig weh." In den Hinterhöfen Australiens ist Cricket am lebendigsten. Und in den kleinen, abgelegenen Dörfern, wo außer *country cricket* nichts los ist.

An diesem Freitag spielen auch zwei Jugendmannschaften an der Südküste, ein paar Autostunden von Melbourne entfernt. Die Mütter bereiten am Spielfeldrand das Picknick vor, das zu jedem Cricketspiel gehört. Rechts haben die Mütter des Villenorts Barwon Heads ihre Campingstühle aufgestellt. Sie sind braungebrannt, blondiert und trinken Rotwein. Auf ihrem Tisch stehen selbst gemachte Frikadellen, Kuchen, Salat- und Fruchtteller.

15 Meter entfernt breiten die Mütter aus dem ärmlicheren Nachbarort Ocean Grove ihre Picknickdecke aus: Sie sind übergewichtig, trinken Schaumwein und ›

Strenge Gebärdensprache: Vielarmig wie indische Götterstatuen sprechen die Schiedsrichter zu Spielern und Zuschauern

Einer fliegt über den Würstchengrill: Cricket ist traditionelles Begleitprogramm für Barbecues

futtern Chips. Miteinander reden die zwei Gruppen nicht. Sie grüßen einander nicht einmal. Schließlich sind ihre Kinder Gegner, auch wenn sie meistens noch am Ball vorbeischlagen. Zwei Väter tragen die Punkte gewissenhaft in die Ergebnisliste ein, die Stirn vor Rechenanstrengung gerunzelt, denn die Aufzeichnung des Punktestandes im Cricket ähnelt höherer Mathematik.

Gleich ist der zehnjährige Adam dran. Er steckt sich mit breitem Lächeln die *box* in die Hose, den Weichteilschutz. „Nach dem ersten Training ist er stolz nach Hause gekommen: ‚Ich habe eine Box, ich habe eine Box!'", zitiert seine Großmutter Heather. Dann habe sie ihm das ganze Outfit kaufen müssen, in Kindergröße: „Das hat mich 200 Dollar gekostet! Seine Mutter ist alleinerziehend, deshalb bezahle ich." Sie selbst hat allerdings auch keinen Job. Adam läuft aufs Feld, er ist ein rothaariges, bleiches Kerlchen, das wegen der Beinpolsterungen x-beinig läuft: „Als hätte er in die Hose gemacht", kichert die Großmutter. Doch eigentlich ist sie gar nicht so vergnügt, denn Adam will nach dieser Saison aufhören, trotz der teuren Ausrüstung. „Cricket ist ein bisschen langweilig für Kinder, sie müssen viel warten", sagt Heather.

Der Cricketverband ist schon in Sorge, denn es wachsen nicht genügend Spieler nach. Der Sport passt nicht mehr in die Zeit. Bei den Profis wurde deshalb

Der Punktestand ist *höhere Mathematik* – das bringt die Zuschauer ins Schwitzen

eine neue Liga eingeführt: das *one-day cricket*, bei dem schon nach einem Tag der Gewinner feststeht und – oh Schreck – bunte Trikots getragen werden. Die kurzen Spiele bringen eine ganz neue Art Spieler hervor: Vorbei ist es mit den gemütlichen Kerlen, deren Lieblingsnahrung das Bier war, deren Bäuche die Hemden ausbeulten und die mit 40 Jahren noch in Höchstform aufliefen. Die Spieler von heute sind jung, athletisch, ehrgeizig. Die Eintagsspiele gewinnen sie mit Schnelligkeit und Wagemut statt mit Ausdauer und taktischem Gespür. Dieses Cricket ist nicht mehr, was es war.

In voller Cricketmontur kam sich GEO-Special-Autorin **Nina Freydag, 35,** vor „wie Goofy mit drei Beinen und anderthalb Armen" – und hatte danach großen Respekt für die Eleganz der Profis.

Den Traditionalisten passt das natürlich gar nicht. Für sie gilt: Je länger ein Spiel, desto besser. „Nur nach mehreren Tagen schält sich die wahre Form der Teams heraus", sagt Stan Rolfe. „Beim One-Day Cricket ist alles nur eine Frage der Tagesform. Das ist neumodischer Unsinn."

Im Melbourne Cricket Ground neigt sich das Spiel dem Ende zu. Vier Tage hat Victoria gespielt, den ganzen dritten Tag hat es geregnet. Viermal wurde die Plane über das sensible Wurffeld gebreitet und wieder abgenommen. Das Heimteam brach so fatal ein, dass am letzten Tag noch weniger Publikum kommt als zuvor. Nun aber beginnt eine unglaubliche Aufholjagd. Der hüftspeckige Arnberger holt 126 Punkte, die verstreuten Fans schöpfen zum ersten Mal Hoffnung. Zwar fliegt der zweite Schlagmann sofort vom Feld, weil er den Ball mit dem Bein statt dem Schläger abfängt. Dann aber kommt Brad Hodge dran. Drei Tage zuvor erst ist er ins Nationalteam berufen worden. Jetzt zeigt er, was er wert ist. Ball für Ball schlägt Hodge außer Reichweite des Gegners, schon hat er 100 Punkte, ein *century*, zusammen und erhält den traditionellen Achtungsapplaus.

Bei den Sportjournalisten im Übertragungsraum bricht Panik aus. Der Reporter der „Herald Sun" sagt schon seinen Urlaub ab. „Ich werde nächste Woche zum Finale nach Sydney müssen", ruft er mit glasigen Augen. Brad Hodge schlägt und schlägt. „Hodgy", flüstern die Fans von Victoria beschwörend, „Hodgy, Hodgy!" Cricket kann schrecklich spannend sein, wenn man nur lange genug durchhält. Doch dann geht alles ganz schnell. Ein Ball, nicht ganz perfekt getroffen, ein Feldspieler, der hechtet und ihn fängt. Hodgy scheidet aus. Die Fans stöhnen: „Das war es." Sie kennen ihre Spieler gut. Der Rest der Mannschaft fliegt wie vom Fließband. Sie schlagen am Ball vorbei, schlagen ihn den Feldspielern direkt in die Hände, es ist zum Weinen. Zu acht schaffen sie nicht mal ein Drittel von Hodges Punkten. Innerhalb einer halben Stunde wird Victoria vom Feld gefegt. Die Zuschauer seufzen, der Titel ist futsch, die Saison vorbei. Die Thermoskannen werden aufgeschraubt für die letzte Tasse Tee. ❙

Große

Stargast: Zwischen März und Juni schwebt der Walhai, *Rhincodon typus*, am Ningaloo Reef ein. Mindestens zwölf Meter lang und bis zu 30 Tonnen schwer kann ein Tier werden. Hier wird es von einer jungen Goldmakrele, *Gnathanodon speciosus*, begleitet

Fische, kleine Fische

Das wenig bekannte Ningaloo Reef an der Westküste ist ebenso farbenprächtig wie das Great Barrier Reef im Osten – und der beste Ort in Australien, um mit Walhaien zu tauchen, den größten Fischen der Welt. Wissenschaftler erforschen hier das Leben des geheimnisvollen Planktonfressers. Ein GEO-Redakteur hat sie dabei unter Wasser begleitet

TEXT: LARS ABROMEIT

Auf Westsüdwest, etwa 300 Meter voraus, soll er sein. Irgendwo dort in der tiefblauen Dünung des Indischen Ozeans, verborgen unter müde schmatzender Gischt. Ein Hai, groß wie ein Omnibus. Ein Leviathan.

Gesehen hat ihn bislang nur der Späher, der seit Stunden mit einer winzigen Propellermaschine über uns am Riff entlangschwirrt und nach Schatten fahndet – nach langen, dunklen Silhouetten zwischen den Wellenkämmen. Es ist kein guter Tag, um einen Fisch mit dem Flugzeug zu jagen: Immer wieder ziehen dichte Wolkenbänder auf und rauben das Sonnenlicht, tauchen das Meer in ein trübes Blaugrau, das alle Schemen verschluckt. Wir wollten bereits aufgeben und zum Ufer zurückkehren. Da sieht der Pilot doch noch einen weiß gesprenkelten, stromlinienförmigen Rücken in der immergleichen See, etwa zwei Kilometer von der Küste entfernt. Endlich.

Mark Meekan nimmt seine Sonnenbrille ab, dreht sich zur Crew, in seinen Augen glänzt Fieber: „It's showtime, buddies", sagt er. Terry Maxwell, der Skipper, drückt den Gashebel nach vorn ›

Wichtigtuer: ein Brauner Igelfisch, *Diodon holacanthus*, mit wehrhaften Stacheln

und treibt das kleine, silberfarbene Boot voran durch die Wellen. Es stampft und taumelt, schlägt aus – wie ein Tunfisch am Angelhaken.

Noch 100 Meter. Meekan, die vier anderen Meeresbiologen und ich streifen Neoprenanzüge, Flossen und Tauchmasken über. Präparieren die Harpune, laden die Kameras. „Auf elf Uhr, acht Bootslängen vor euch", gibt der Pilot über Funk durch. Der Skipper nimmt das Gas zurück und lässt das Schiff treiben in der unsteten See. Snapper, sein Hund, jault leise. Die Forscher schweigen; einer deutet auf einen gekräuselten Fleck in der Gischt. Dort drüben vielleicht? Drei Bootslängen noch. Träge und schwer drückt die Luft auf das Schiffsdeck, das Wasser schwappt laut gegen den Kiel; es scheint, als habe sich die Zeit eine Pause genommen.

„Kannst du ihn sehen?", fragt Meekan den Späher am Himmel. Der Pilot zögert. „Negativ", knarrt es dann aus dem Funkgerät.

Der Hai ist abgetaucht.

Es ist ein mühsames Spiel, auf das sich das Team um den hageren, 42-jährigen Meeresbiologen Mark Meekan vor der Westküste Australiens eingelassen hat: Seit Tagen verfolgen die Forscher eines der sonderbarsten Geschöpfe des Ozeans – den Walhai, *Rhincodon typus*, den mächtigsten Fisch der Erde. Mindestens zwölf, manchen Berichten nach sogar bis zu 20 Meter lang und mehr als 30 Tonnen schwer soll er werden können; viel mehr allerdings weiß man nicht von ihm. Niemand vermag auch nur annähernd einzuschätzen, wie viele dieser scheuen Giganten durch die Weltmeere kreuzen. Niemand kennt ihre Routen, niemand weiß, wie sie sich im Ozean orientieren, wie alt sie werden oder gar, wie und wo sie sich paaren.

Sicher ist allein, dass sie ausschließlich Plankton fressen: winzige Ruderfußkrebse und Quallen, Garnelen, Korallenlarven und Fischeier. Mit ihrem mächtigen Schlund, so breit wie ein Auto, durchkämmen Walhaie die tropischen Gewässer rund um den Globus nach Wolken aus nahrhaftem Kleinstgetier. „In die Nähe der Küste", sagt Meekan, während das Boot wieder Fahrt aufnimmt, „kommen sie dabei allerdings nur an wenigen Orten der Erde": in der Baja California beispielsweise oder im Insellabyrinth vor Belize, vor den Seychellen, westlich der Philippinen – und, gleich zu Hunderten jedes Jahr, hier am Ningaloo Reef, einem fast 300 Kilometer langen Korallenriff im Nordwesten Australiens.

Es säumt eine Halbinsel, die North West Cape Peninsula, die auf halber Strecke zwischen Bali und der westaustralischen Hauptstadt Perth in den Indischen Ozean ragt. Hier haben die Forscher für zwei Wochen ihr Lager errichtet: inmitten eines unendlich heißen, stillen und entlegenen Reiches, einer Art Antithese zur quirligen, von Regenwald überwucherten und von Touristen überlaufenen Ostküste mit ihrem weltberühmten Great Barrier Reef. Es ist eine Grenzwelt zwischen Outback und Ozean.

Bis an den Strand reicht hier die rote, von blassgrünen Spinnifex-Gräsern und braunen Termitenhügeln durchzogene Ödnis aus dem Innern des Kontinents. Prallt auf einen dünnen Streifen aus weißem Korallensand. Dahinter nur endloses Blau, Türkis, smaragdgrüner Glanz. Das Riff. Die weiße Linie der brechenden Wellen. Der Horizont.

Am Ufer, wo die Temperatur im Sommer fast jeden Tag an die 40-Grad-Celsius-Marke klettert und alle paar Jahre ein Zyklon eine

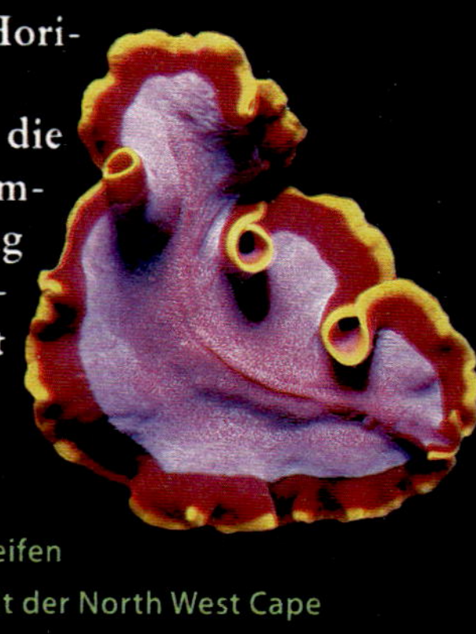

Nur ein schmaler Sandstreifen trennt die karge Schönheit der North West Cape Peninsula von den im Ozean verborgenen Farben des Riffs. Verschwenderisch in Rosarot und Gelb: Plattwurm *Pseudoceros ferrugineus*

Ein Adrenalinstoß ist die Begegnung mit einem Walhai für Taucher immer. Auch wenn sich der Riese gar nicht von Plastikflossern ernährt, sondern kleinste Ruderfußkrebse und Quallen aus Tausenden Litern Wasser pro Stunde filtert

breite Schneise der Verwüstung schlägt, leben weniger Menschen als Kängurus: ein paar hundert das ganze Jahr über, ein paar tausend, wenn die Walhaie kommen. Es gibt keine Industrie, keine Felder, nur ein paar wild streunende Schaf- und Rinderherden, ein Dutzend Fischerboote, ein Sonnenobservatorium der Regierung. In den beiden winzigen Orten, die das Ningaloo Reef im Süden und Norden einrahmen, dem Aussteigerdorf Coral Bay und dem ehemaligen Militärstützpunkt Exmouth, staksen Emus gemächlich über rote Sandpisten und brüchigen Asphalt. Die Tageszeitung kommt mit dem Flugzeug um ein Uhr nachmittags. Und aus staubverschmierten, mit dicken Känguru-Schutzstangen und ebenso dicken Belüftungsrohren bewehrten Allradfahrzeugen steigen Menschen aus, deren Haut genauso rot, verbrannt und gegerbt ist wie die Erde zu ihren Füßen. Sie laufen barfuß, tragen abgeschnittene, zerfledderte Jeans, ausgeblichene Baseball-Mützen und Muscle-Shirts mit Aufschriften wie „Born to fish – forced to work" oder „Aged to perfection".

Die meisten sind hier, weil sie die Abgeschiedenheit suchen, die Weite, die Ruhe. Ein Refugium, in dem es wenige Regeln gibt, aber viel Meer. Zum Fischen, zum Staunen.

Die Wissenschaftler haben keinen Sinn für den Reiz dieser eigenartigen Welt. Sie sind frustriert: Fast elf Monate lang hat es am Ningaloo Reef nicht mehr geregnet – und nun, Anfang Mai, schüttet es schon seit Tagen. Innerhalb der letzten Woche ist mehr Wasser vom Himmel gekommen als normalerweise im ganzen Jahr. Ausgerechnet jetzt, da die Biologen des „Australian Institute of Marine Science" (AIMS) und ihre zwei Kollegen aus San Diego, Kalifornien, alte Schäferhütten in eine provisorische Forschungsstation umgewandelt haben. Am Point Cloates, einem ›

Giftzwerg: Stiche des unscheinbaren Steinfisches, *Synanceia sp.*, schmerzen höllisch

Schönheitskönigin: die Prachtsternschnecke *Hypselodoris bullockii* trägt »haute couleur«

entlegenen Kap im Herzen des Ningaloo Reef, gut 30 Kilometer von der nächsten Teerstraße entfernt.

Wegen des schlechten Wetters haben Meekan und seine Mannschaft in den letzten Tagen nur wenige Walhaie aufspüren können. Zweimal sind sie gar nicht erst rausgefahren, so trüb war die See. Und als an diesem Abend wieder neue Regenschauer mit ihrer monotonen Melodie auf das Wellblechdach der Hütten prasseln, klagt Meekan schon nicht mehr. Er schweigt. In der Küche des Camps, umgeben von Bierdosen und 1000-Teile-Puzzlen mit Katzenmotiven, haben sich die Forscher hinter ihren Laptops verschanzt. Meekan tippt einen Konferenzvortrag: Wie wird er dastehen, wenn sie nicht bald Erfolg haben? Nicht einmal für ein ordentliches Barbecue ist es trocken genug. Einer der Forscher schnappt sich das Satellitentelefon, um seinem Sohn zum Geburtstag zu gratulieren. Die anderen blättern durch Männermagazine, die sie längst auswendig kennen. Sie säubern die Kameras von der salzigen Nässe, die in jeden Winkel kriecht und jedes Blatt Papier aufweicht. Draußen stapeln sich die Müllsäcke mit zusammengequetschten Bierdosen, dem Extrakt der nicht enden wollenden Langeweile.

Es könnte so schön sein: „Das Ningaloo Reef ist ein verstecktes Juwel", sagt Meekan, ohne von seinem Laptop aufzuschauen. Selbst viele Australier kennen es nicht, obwohl es einer der kostbarsten Unterwasserschätze des Landes ist. Denn hier, am äußersten Nordwestzipfel des Landes, trifft ein warmer Meeresstrom, der „Leeuwin Current", auf kalte, nährstoffreiche Wassermassen, die aus der Tiefe des südlichen Indischen Ozeans zur Küste aufsteigen. Tier- und Pflanzenarten aus gemäßigten Gewässern sowie klassische Vertreter der Tropen vermischen sich an dieser marinen Kreuzung zu einer überbordenden Menagerie aus mehr als 200 Korallen-, 600 Mollusken-, 144 Seevogel- und 500 Fischarten. Dichte, silbern glänzende Schwärme, zottelige Mäuler und gleißende Tentakel tauchen am Riff auf. Alles schillert in diesem Unterwasserreich. Alles vibriert. Meekan steht auf,

Ein Manta-Rochen segelt heran, eskortiert von einem Schwarm Putzerfischchen. Die flügelähnlichen Flossen von *Manta birostris* erreichen eine Spannweite von etwa sieben Metern. Ein entfernter Verwandter ist der kleine Blaupunktrochen, *Taeniura lymma*

Ein Boot dümpelt über dem weiß gepunkteten Rücken eines Walhais. Den Fisch beunruhigt menschliche Begleitung kaum, er hat keine natürlichen Feinde. Auch der giftige Rotfeuerfisch *Pterois sp.*, kann ihm nichts anhaben

geht zur Tür, starrt in den Regen hinaus und weist auf die Bucht: Nirgendwo sonst kommen die Korallen so dicht an die Strände heran wie hier an der Westküste. Umgekehrt wiederum liegt das North West Cape so nah wie kein anderer Punkt des australischen Festlandes am Rande des Kontinentalschelfs: Nur 15 Kilometer entfernt fällt der Seeboden abrupt in ewige Finsternis ab. Und so gesellen sich, einem exakten Jahresplan folgend, zu den ständigen Bewohnern des Riffs immer wieder auch spektakuläre Nomaden des offenen Ozeans hinzu. Vor allem im Juli schweben Manta-Rochen in Geschwadern aus bis zu 100 Tieren an der Küste ein – und kreisen in eleganten Schwüngen wie Raumgleiter über den Sandboden. Buckelwale ziehen zwischen Oktober und Dezember auf ihrem Weg zur Antarktis vorbei. Und in den schwülheißen Nächten zwischen Dezember und März kommen vier verschiedene Schildkrötenarten an die Strände des Ningaloo Reef, um schnaufend und keuchend ihre Nester zu graben.

Die Stargäste des Ozeans schließlich, die Walhaie, treffen zwischen März und Juni ein. Warum sie ausschließlich in dieser Zeit aufkreuzen, woher sie kommen und wohin sie weiterziehen – das sind die Fragen, die Mark Meekan beantworten will. Er wird nicht kapitulieren, noch nicht. Zu sehr gefällt er sich in der Rolle des hartgesottenen Salzwasser-Cowboys, der seit Jahren versucht, ein Geheimnis zu lüften, an dem manche seiner Kollegen gescheitert sind. Gerade das treibt Mark Meekan weiter an.

Schon lange mühen sich Meeresbiologen, Walhaie mit Peilsendern auszurüsten, um die Routen der Tiere im Ozean per Satellit zu verfolgen. Am Ningaloo Reef aber haben die High-Tech-Geräte, die mit einer Klammer an die Rückenflosse gepresst oder mit einem Widerhaken in die Haut gestoßen werden, erst bei einer Hand voll Tieren über längere Zeit funktioniert. Für statistisch verlässliche Aussagen genügt dies noch nicht.

Ähnliche Experimente aus anderen Teilen der Welt deuten darauf hin, dass Walhaie an den Küsten der Kontinente gezielt nach massiven Ansammlungen von Plankton und Laich fahnden: nach reich gedeckten Tafeln von Leckerbissen, wie sie beispielsweise entstehen, wenn sich Millionen feuerrote Landkrabben am australischen Christmas Island paaren. Wenn sich Myriaden Schnapperfische vor der Küste von Belize zum Laichen treffen. Oder wenn nährstoffreiche Meeresströ- ›

Große Klappe: Etwa 3000 Zähne besitzt ein Walhai, doch keiner ist länger als 6 Millimeter. Im Magen eines Tieres wurden sogar schon unversehrte Schuhe gefunden

Ein Schnorchler schwebt über einem Sockel aus Porites-Korallen, der von verästelten Steinkorallen überwuchert wird. Seit 1987 steht die Artenvielfalt des Ningaloo Reef unter Schutz. Ein 224 000 Hektar großer »Marine Park« soll ihre Zukunft sichern

mungen im Golf von Mexiko das Liebesleben von Ruderfußkrebsen, Garnelen und Laternenfischen explosionsartig ankurbeln.

Für das Ningaloo Reef führen viele Forscher das saisonale Erscheinen der Walhaie vor allem auf die einmal im Jahr zu beobachtende Korallenblüte zurück: Innerhalb weniger Nächte, stets nach dem Vollmond im März oder April, schleudern unzählige Korallenpolypen gemeinsam ihre Eier und Samen ins Wasser. Wie ein dichtes Schneegestöber tobt die Massenorgie über das Riff – und setzt eine biologische Kettenreaktion in Gang, an der sich, so scheint es, auch die großen Planktonfresser des Ozeans laben. Oder sind es vielleicht doch eher Schwankungen in den Meeresströmungen, im komplexen Zusammenspiel der Kalt- und Warmwasserleitungen des Ozeans, die an der Riffkante mächtige Planktonwolken zusammenschieben – und so die Walhaie anlocken?

Um dies zu klären, will Meekan 15 Tiere mit Sonden versehen – und hat dafür ein neues Modell konstruiert, das besser als alle bisherigen Peilsender an der Rückenflosse der Walhaie haften soll. Erfolg hatten die Forscher damit bislang aber erst bei drei Exemplaren. Und nun läuft ihnen langsam die Zeit davon.

Am nächsten Morgen, die Wolkendecke hat sich etwas gelichtet, probieren wir es noch einmal weiter im Norden des Ningaloo Reef. Nur ungefähr zehn Bootslängen voraus hat der Späher einen Hai aufgespürt. Unruhe erfasst die Crew. Konzentriert tasten wir, sprungbereit, die Tauchmasken auf die Stirn gezogen, mit unseren Blicken die Wellen ab.

Für einen kurzen Moment blitzt eine mächtige Rückenflosse aus der Gischt auf. Einer will bereits ins Wasser hechten, als Meekan schreit, seinen Kollegen an der Schulter packt, ins Boot zurückzieht: Der massige Schatten,

Büfett für Walhaie: Ei- und Samenzellen der Korallen schweben durchs Wasser. Auch der Kofferfisch, *Ostracion cubicus*, lebt vom Riff

Nachwuchs: Ein Luzon-Seestern, *Echinaster luzonicus*, regeneriert einzelne Arme

den der Pilot aus der Luft wahrgenommen hat, gehört keinem Planktonfresser. Keinem gutmütigen Walhai. Sondern einem Räuber, der mit seinen dolchartigen Zähnen Schildkrötenpanzer durchbohren und Menschen mit einem einzigen Biss zerfetzen kann: einem etwa sechs Meter langen Tigerhai.

Die Augen leer vor Schock und Enttäuschung, schält sich Meekan wieder aus seiner Neoprenrüstung heraus – und wirft schmallippig ein „No worries, mates" in die Runde. Es kann doch nicht unmöglich sein, den größten Fisch der Erde aufzuspüren!

Oder sind die Walhaie einfach zu selten geworden? Meekan meint, dass Fischer in Südostasien die Zahl der nach Westaustralien wandernden Tiere stark dezimiert hätten. Heute kämen nur noch halb so viele der weltweit geschützten Ozeanriesen zum Ningaloo Reef wie noch vor zehn Jahren. Aber seine Berechnungen sind umstritten, stützen sich allein auf vage Beobachtungen von Führern auf Touristenbooten. „Wir brauchen einfach mehr Daten", gibt Meekan zu. Für den Schutz der Walhaie. Für die Konferenz. Für die Geldgeber.

Am Nachmittag, auf 22 Grad, 41 Minuten, 24 Sekunden südlicher Breite und 113 Grad, 35 Minuten, 59 Sekunden östlicher Länge, schlägt der Späher vom Himmel aus noch einmal Alarm. Und tatsächlich: Diesmal ist es kein Tigerhai. Der weiß gepunktete Rücken, größer als das gesamte Boot, verrät: Wir sind endlich auf einen Walhai gestoßen. Vorsichtig gleiten wir ins trübe Wasser. Treiben eine Weile schnorchelnd am Boot entlang, drehen und wenden uns gespannt – bis der acht Meter lange Koloss plötzlich aus dem matten Blau des Meeres hervorbricht: Vollkommen mühelos, langsam und elegant, schwebt er an uns vorbei. Unbeirrbar, still und erhaben. Ein Wesen wie nicht von dieser Welt. Ein lebendes Raumschiff.

An seiner Unterseite reist ein Dutzend kleinerer, länglich-grauer Fische per Anhalter durch die blaue Galaxis; ein Schwarm leuchtend gelber Goldmakrelen umkreist sein Maul. Hin und wieder presst der Walhai mit einem kraftvollen Zucken der Kiemen Wasser aus, sodass die Begleiter in seinem Schatten, von den Druckwellen verschreckt, auseinander stieben.

Wir strampeln mit unseren Flossen, wie wir nur können – und schaffen es trotzdem kaum, mit dem sanft durchs Wasser treibenden Riesen mitzuhalten. Nach ein paar Minuten schon sind wir außer Puste. Aber der Hai wendet, kommt noch einmal zurück. Hält auf uns zu. Die Forscher fotografieren das Muster der weißen Punkte hinter den Kiemen – um das Tier später anhand dieses markanten, bei jedem Hai unterschiedlichen Merkmals identifizieren zu können. Dann probiert Meekan sein Glück, taucht mit der pistolenartigen Harpune, an der er den Peilsender befestigt hat, von der Seite an den Rücken des Walhais heran. Fast schon ist er am Ziel, nur ein paar Zentimeter noch. Da zuckt der Gigant nur ein einziges Mal mit seiner mächtigen Schwanzflosse – und entschwindet innerhalb von Sekunden uneinholbar in der düsteren Tiefe des Ozeans. ❙

In dichten Wolken tanzen fast durchsichtige Glasfische, *Parapriacanthus ransonneti*, am Riff entlang. Rund 500 Fischarten leben hier an der Grenze zwischen warmem und kaltem Gewässer

GEO-Redakteur **Lars Abromeit**, 30, musste sich während der Recherche eingestehen, den Forschern wenig Glück zu bringen: Am Tag nach seiner Abreise aber gelang es Meekans Team noch, zwölf Walhaie mit Sonden auszurüsten. Die meisten hielten bei Redaktionsschluss auf Indonesien zu.

Niemand weiß genau, wo das australische Outback anfängt und wo es endet. Nur eines ist sicher: Wer White Cliffs besucht hat, war ganz sicher da. Nicht einmal 75 Menschen leben an diesem rauen Platz. Sie graben sich ein, flüchten vor Temperaturen von über 50 Grad in Höhlen. Sie suchen Opale – und Freiheit. Die zumindest finden sie auch

TEXT: MEIKE KIRSCH FOTOS: FRANZ KILLMEYER

Nirgendwo und sowieso

Schöner Wohnen: Michael Kooyman, Doktor der Psychologie, mit seinen Tieren im Vorgarten. Wahrscheinlich, sagt er, wird es noch etwas dauern, bis er eine Dusche im Wellblech-Bau installiert. Weil er viel lieber im Glück badet

Der Weg zu Patch? Ganz einfach: beim verrottenden Sessel links abbiegen, am halben Fernsehgerät vorbeifahren und vor dem roten Ford Falcon stoppen. Auf dem Dach des Autos steht eine übergewichtige Ziege. Im Schatten unter einem Wohnwagen, direkt neben dem Auto, lungert ein schlammverkrustetes Schwein. Als wir aussteigen, quiekt es so schrill, dass die Tür des Wohnwagens sofort auffliegt: Patch kommt heraus. Er schaut uns an, eine schwarze Augenklappe, deren Band verdreht ist, verdeckt sein rechtes Auge. Über dem linken klafft eine Narbe, groß wie eine Zwei-Euro-Münze. Dort war die Kugel, die seinen Schädel durchschlug, wieder ausgedrungen. Zwei Dosenbier später erzählt uns Patch, dass er in Algerien versucht hatte, mit Vollgas durch eine Straßensperre zu fahren. Angeblich war er dort im Urlaub, Fragen nach diesem Vorfall mag er nicht. Schon gar nicht so früh am Tag. Viel lieber lässt er Chops, die Ziege, auf Kommando ihre rechte Klaue heben. Dann ruft er *„Sit!“*, und Pig, das Schwein, sitzt wie ein Hund.

Eigentlich sollte die Ziege auf den Grill. Genau wie Pig, das er halb tot auf der Schotterpiste fand. Aber Patch brachte es nicht übers Herz; heute teilen die Tiere bisweilen mit ihrem Herrn das Bett. Keine ihrer Befindlichkeiten entgeht ihm. „Pig ist gerade eifersüchtig“, warnt er uns. „Vorsicht, dann zwickt sie gern.“

Patch heißt eigentlich Michael Kooyman und hat sieben Jahre studiert: Psychologie und Soziologie – bis zum Doktortitel. Er und seine Frau, eine Kinderärztin aus Adelaide, haben zwei Söhne und eine Tochter, verdienten 12 000 australische Dollar die Woche. „Aber war ich glücklich?“ Als Antwort krault Patch seine Ziege.

Heute lebt der Mann mit der Augenklappe von 824 Dollar Arbeitslosengeld im Monat inklusive *remote area allowance*, einem Bonus für Einwohner besonders abgelegener Gebiete. Das neue Leben kostete ihn außer Entschlossenheit nur sechs Flaschen Bier, die er gegen den klapprigen Wohnwagen tauschte. Reifen hatte seine Bleibe keine, ihre Felgen versanken rostend im Staub, aber das war unerheblich. Sie sollte genau da stehen bleiben, wo sie stand: auf dem Mond.

Patch lässt den Blick über das Gelände gleiten: Er kann keine andere Behausung erkennen, kaum einen Baum oder Strauch, bis sich in der Ferne Himmel und Erde treffen. Alles, was er sieht, sind Krater aus weißem Staub. Sie umgeben Patch zahlreicher als Buschfliegen – und diese Biester schwärmen immer gleich zu Hunderten aus, direkt nach Sonnenaufgang. Patch ist schon zu lange hier, um noch nach ihnen zu schlagen. Eigentlich wollte er nur eine Woche im Urlaub bleiben, das war 1972, aber er ist süchtig geworden. Süchtig nach der Freiheit, die der Wind in White Cliffs mit sich trägt.

Im Sommer leben nicht einmal 75 Menschen in diesem Ort. White Cliffs liegt im nordwestlichsten Winkel des Bundesstaates New South Wales. Im Central Darling Shire, einem Verwaltungsbezirk mehr als doppelt so groß wie Hessen – aber mit nur 2600 Einwohnern. Wer zum nächsten Supermarkt in Broken Hill will, fährt 590 Kilometer hin und zurück. Doch niemand im Outback rechnet in Kilometern. Entfernungen werden in Tagesreisen angegeben – und Temperaturen in getrunkenen Litern, die man ausschwitzt: Gewöhnlich sind es wolkenlose „14 Liter am Tag und nur zweimal aufs Klo“ von November bis Februar, also etwas über 45 Grad.

Aber auch 51 Grad hat Wendy Dowton schon gemessen, wir treffen sie in ihrem Postamt, das gleichzeitig die Wetterstation von White Cliffs ist. Jeden Tag füllt sie einen Bogen aus, schickt ihn an das australische „Bureau of Meteorology“. Es ist an den extremen Messdaten besonders interessiert. Auch ein Feld für die Schneetiefe hat das Amt vorgesehen. Dowton lacht, da hat sie noch nie etwas eintragen müssen. In die Spalte „Regen“ schreibt sie heute 0,0 Milliliter – wie seit Wochen.

Die flirrende Luft lässt Bäume am Horizont gedeihen und riesenhafte Seen schimmern, wo keine sind. Vor uns springt ein Hügel von einer Straßenseite auf die andere, und auch die Menschen in White Cliffs tun seltsame Dinge: Die meisten graben sich ein, leben das ganze Jahr in Höhlen – bei konstanten 22 Grad ganz ohne Klimaanlage. Natürlich fragen sie kein Bauamt um Genehmigung für ihre *dugouts*. Wachsen Familie oder Ansprüche, wächst auch das unterirdische Reich im Sandstein – bis der Presslufthammer zum Nachbarn durchbricht. Acht von zehn Wohnungen im Ort verraten sich nur durch Lüftungsschächte und Satellitenschüsseln, die aus dem Staub ragen. Oberirdisch besteht White Cliffs aus nicht viel mehr als zwei kurzen Teerstraßen. Dort, wo sich die Straßen kreuzen, sind ein ›

Durstlöscher Rodney Kennewell und Fred Lunam

Dauerspiel: Die Kumpel Lunam (links) und Kennewell machen gern Siesta, den ganzen Tag. Meist tun sie das im Pub, weshalb sie im Ort nur »permanent furniture« heißen: festes Mobiliar der Kneipe. Noel Valpy (oben rechts) lässt die Tage in dunkler Tiefe verstreichen. Seine Höhle ist ein Minenschacht, von Opalsuchern aufgegeben. Wie offene Gräber klaffen 50 000 Krater in White Cliffs. Aus der Luft: eine Mondlandschaft

Känguru-Mutter Cheryl Dutoit

Verbotene Gartenzwerge: Ihren Kängurus füttert die ehemalige Truckerin gehackte Karotten, manchmal bekommen Buddy und Bullet auch Küsse auf den Mund. Die Langohren darf Dutoit eigentlich gar nicht hinterm Haus halten, es ist gesetzeswidrig. Auch die meisten Autos fahren in White Cliffs unregistriert und bis ins hohe Alter. Irgendwann enden sie: als Flaschenlager oder Plumpsklo aus Motorhauben (rechts oben)

Fliegender Postbote Dave Funnell

Der Weihnachtsmann kommt jeden Samstag: Päckchen und Briefe fliegt Postbote Funnell mit seiner Piper Cherokee aus Broken Hill ein. Schon fünf Minuten nach der Landung wirft er den Propeller seiner Maschine wieder an. Froh, die Sendungen nicht einzeln in den für White Cliffs typischen Vorgärten (oben) ausliefern zu müssen. Bescherung ist im Postamt, wo jeder ein Fach hat

Gute Mine: Zehn Meter unter der Erde hackt Brunnenmeyer nach den steinernen Regenbögen – mit 74 Jahren. Man sagt über den Deutschen, er würde sogar Opale finden, wenn er in eine Toilette fiele. Ein rot schimmernder Stein (unten) ist besonders wertvoll

Lebenskünstler Karl Brunnenmeyer

Pub und der *corner store*, ein winziger Laden mit Konservendosen, gekühlten Getränken und zwei Zapfsäulen. 100 Meter entfernt das Postamt, eine Krankenstation und die Schule für zehn Kinder.

Unvorstellbar, dass White Cliffs mal eine prosperierende Stadt war: 1889 hatte ein Känguru-Jäger hier per Zufall einen Opal entdeckt – sein Pferd war über den Stein gestolpert, der in Regenbogenfarben schillerte. Als sich die Nachricht verbreitete, strömten Glücksritter schnell in die lebensfeindliche Wüste, in der Wasserlöcher fast ausgetrocknet waren. White Cliffs wurde zum ersten Opalfeld in Australien. 1899 wühlten schon 2500 Männer, viele hatten Frau und Kinder mitgebracht. Es gab sieben Lebensmittelläden, fünf Hotels, vier Cricketclubs, drei Konditoreien – und zwei Dutzend Bordelle. Kamele trugen einen Großteil des Nachschubs für die junge Stadt heran. Der Reichtum war so offensichtlich, dass die Postkutscher von White Cliffs mehrfach in Pistolenläufe blickten. Mancher Ganove flüchtete beladen mit Opalen und Schecks, trotz der großen Distanzen auf dem Fahrrad, dem gebräuchlichsten Fortbewegungsmittel jener Zeit.

1914 brachen die Opalmärkte zusammen: Der Krieg in Europa machte aus den deutschen Händlern, den einstigen Hauptabnehmern der glitzernden Steine, fast über Nacht Feinde der Australier. Im Pub schüttete sich ein verzweifelter Opalsucher Strychnin in seinen Brandy, weitere Selbstmorde folgten. Zu Fuß, mit Fahrrädern oder Kutschen verließen Hunderte den Ort. White Cliffs blieben gerade 30 Menschen – und 50 000 Krater, die bis heute wie frisch ausgehobene Gräber klaffen.

Doch ausgestorben sind sie nie ganz, die Opalsüchtigen, die davon reden, befallen worden zu sein vom *opal bug*, und sich fiebrig durch die Erde quälen. Der Süchtigste von allen sei ihr Schwager, hat uns Wendy Dowton, die Frau vom Postamt, verraten. Irgendwo aus den Tiefen seiner Höhle holt er für uns einen so genannten *pineapple*, einen dieser äußerst seltenen Opale in Form eines faustgroßen Kiefernzapfens, wie sie nur in White Cliffs gefunden werden. Mit dem Stein steht Graeme Dowton vor dem Dugout in der Mittagssonne, um ihn herum flattern Hühner im Sand, seine drei Kinder – vier, sieben und neun Jahre – fahren Moped.

Dowton ist ein blasser Typ mit sanftblauen Augen und dünnen Lippen. Das aber ändert sich, als er den Stein ein ums andere Mal wendet, ihm ein Geheimnisgrün entlockt und ein Blau, in dem der Himmel Wellen schlägt. Außer den Farben scheint für Dowton nichts mehr zu sein. Die Hühner gackern in weiter Ferne, der Sohn streitet mit der ältesten Tochter, schreit nach seinem Vater. „Bezaubernd", sagt Dowton nur und dreht den Opal ein weiteres Mal.

Wahrscheinlich ist Dowtons Pineapple der makelloseste überhaupt, der bisher aus der Erde kam. Sein Wert: eine halbe Million Dollar. An einem Sonntagabend 1996, Dowton weiß es wie heute, war er in den aufgegebenen Schacht gestiegen. Redback-Spinnen, eine Spezies an der Spitze von Australiens langer Liste tödlicher Kreaturen, suchten an den Wänden Kühle. Die Decke bröckelte, das Herz klopfte – und plötzlich sah Dowton den Regenbogen. Wie eine reife Frucht ließ er sich pflücken. Dowton, damals erst 24, raste, seinen ersten Pineapple im Handschuhfach, mit „einer Million km/h" in den Ort.

Spätestens in diesem Augenblick ist White Cliffs für ihn zum Gefängnis ohne Gitter geworden. Heute suchen er und sein Vater Ron im großen Stil. Von zwölf gefundenen Pineapples weiß das Finanzamt. Doch die wirkliche Zahl ist dreistellig. Er bringt den Pineapple zurück, zeigt uns seinen Dugout: Die Wohnung ist kühl, es dringt kaum Tageslicht ein. Ihre Wände sind grob behauen, die Decken gewölbt, Luftschächte führen nach oben. Kein Zimmergrundriss gleicht einem anderen: Das Wohnzimmer ist ein kathedralenartiger Raum, die Kinder spielen in eher runden Zimmern. Dowtons Sofa, Kühlschrank oder Küchenzeile sind weder besonders neu noch teuer. Ihr Geld investiert die Familie in Maschinen.

Nach zehn Minuten Fahrt sind Vater und Sohn auf dem Opalfeld. Mit einem tonnenschweren Bohrer, riesig wie ein Lkw, stoßen sie in die Tiefe. Kreischend schraubt ›

Opalsucher Bill Huskins

Im Land der aufgehenden Hoffnung: Mit einer Wünschelrute will der ehemalige Polizeichef Opale orten. Oft hat diese Methode schon funktioniert: Dort, wo die magischen Drähte ausschlagen, stecken die Miner mit Pfosten ihre Claims ab

Mineral
Claim
B. Cashmore

Dugout-Besitzerin Barbara Gasch

Unter Tage: Barbara Gasch spritzt ihren Dugout weiß aus. Sofort nach ihrer Ankunft im Ort hat sich die Goldschmiedin aus Darmstadt in die Höhle verliebt – und in ihren Nachbarn Doug. Betreten schöne Frauen den Opalladen von Ernie Bousens (rechts), sinken die Preise. Hinter dem Vorhang führt ein abschüssiger Gang in die Wohnhöhle. Andere Glücksritter finden im Corner Store von White Cliffs ihre Heimat (unten)

Schwerenöter Ernie Bousens

das Metall sich Zentimeter um Zentimeter in den von Hitze gestählten Boden. Am Horizont blühen Fata Morganen, der glutheiße Wind dreht sich immer schneller um sich selbst. Bald fegt er als Schlauch über den Staub, saugt einen Wolkenschleier nach dem anderen gierig in sich auf.

Dowton beachtet die Windhose nicht, er starrt auf die kleinen Steinchen, die nun, da sich der Bohrer wieder aus dem Boden windet, zu seinen Füßen rieseln: wertloser *potch*, milchig-trübe Steine, bei dieser Probebohrung glitzert nichts. Dowton fährt die Maschine zwei Meter weiter. Eigentlich dürfte er nicht überall suchen. Müsste jeden Claim, auf dem er bohrt, registrieren lassen. „Stimmt, im Moment ist das Gesetz nicht ganz auf unserer Seite", gibt er zu. Aber für Bürokratie fehlt die Geduld, denn irgendwo hier versteckt sich der Jahrtausendfund – *the big one*, Dowton ist absolut sicher. „Ich werde den neuen Rausch starten."

Wir fahren die staubige Piste zurück in den Ort. Das Lenkrad des Autos ist kaum anzufassen, die Luft im Fahrzeug kocht. Im Pub zapft Graham Wellings Bier, das eiskalt ist und schon jetzt, am frühen Nachmittag, Abnehmer findet. An den Barhockern lehnen sechs Männer und eine Frau, die offensichtlich nicht das erste Glas trinken. „Die beste Opalmine im Ort bleibt mein Pub", witzelt Wellings. Er ist Pubbesitzer, Beerdigungsunternehmer, Putzfrau, Buschpilot, Psychiater und Bürgermeister in einer Person.

Der wahre Grund für seine Macht: Wellings weiß genau, wann „die Schnüffler" kommen. Sie rufen bei ihm an, buchen die durchgelegenen Betten seines Hotels für 30 Dollar die Nacht, Insektenspray inklusive. Die sensible Nachricht könnte nirgends besser aufgehoben sein – bis die Polizisten von Broken Hill oder Wilcannia eintreffen, ist White Cliffs ausgestorben, auch im Pub sitzt dann niemand mehr. Acht von zehn Autos sind nicht angemeldet, und sechs von zehn Einwohnern möchten aus anderen Gründen der Polizei nicht begegnen. Weil sie sich zum Arbeitslosengeld etwas viel dazuverdienen oder unerlaubterweise Kängurus im Garten halten, zum Beispiel.

Anfangs hockten abends nur die Polizisten einsam am Tresen. Schon nach ein, höchstens zwei *Victoria Bitter* gingen sie ins Bett. Dieser völlige Umsatzeinbruch passte Wellings überhaupt nicht. Also handelte er ein, wie er es nennt, „Arrangement" aus: Sobald die fremden Herren an den Tresen rücken, sind sie nicht mehr im Dienst – aber meist äußerst amüsiert, wie schnell sich der Pub wieder füllt.

Graham Wellings mixt einen Drink – halb Wodka, halb Cola. Auf das, was seine Hände tun, muss er sich längst nicht mehr konzentrieren. In White Cliffs, erzählt er uns, galten Gesetze bisher nur, wenn a) die Polizisten gerade im Ort waren oder b) die Regeln nicht mit der persönlichen Freiheit jedes Einzelnen kollidierten. „Also eigentlich nie." Nach dem Willen der Landesregierung und des Central Darling Shire wird sich das ändern: Direkt neben dem Pub entsteht ein Besucherzentrum für den Nationalpark Paroo-Darling, 35 Kilometer östlich. 1,3 Millionen Dollar werden verbaut, in einigen Monaten sollen bis zu 16 Ranger hier arbeiten – und mit ihnen werden mehr Touristen kommen.

Schon bald gelten neue Sicherheitsvorschriften: Die Minenschächte müssen abgedeckt, die Dugouts dürfen nicht mehr einfach wild gegraben werden. Sogar vor dem Friedhof hat die Behörde ein Schild aufgestellt: „Wer eine Leiche beerdigt, ohne zuerst eine Genehmigung eingeholt zu haben, macht sich strafbar."

Rodney Kennewell trinkt den letzten Schluck. Ihm wird bei dem Thema ganz schlecht. „Das Schlimmste", sagt er, „ist die neue Teerstraße." Sobald die demnächst eröffnet werde, könnten die Polizisten in kürzester Zeit heranrauschen. Bestimmt werden sie dann nicht mehr im Pub anrufen, weil auch der Rückweg noch am selben Tag zu schaffen ist. Kennewell verlässt die Kneipe. In seinem früheren Leben hat er den Mercedes einer Millionärin aus Adelaide gelenkt, dessen Lack in der grellen australischen Sonne glänzte. Die verbeulte Schrottkiste, die er heute fährt, parkt direkt vor der Tür des Pubs – und lässt sich nur noch mit einem Schraubenzieher starten. Lange stochert er im Motorraum, dann, endlich, springt der weiße Kombi an.

Kennewell lenkt ihn tief hinein ins Minenfeld, er will uns noch zu jemandem lotsen, der etwas anderes in White Cliffs sucht. Wir stoppen an einem Friedhof: Gut zwei Dutzend Karosserien verwittern hier, jedes einzelne Auto hat ein scheuer Mann zu Schrott gefahren, der sich nur selten im Ort sehen lässt. Noel Valpy tritt vom Schatten eines Unterstands ins Nachmittagslicht. Von den Unfällen ist ihm – sichtbar – nur eine lange Narbe geblieben. Sie zieht sich vom rechten Mundwinkel weit nach unten.

Valpy erwartet uns. Für ihn ist heute ein besonderer Tag, er hat seine neueste ❯

No Smoking
CLOSED

Kinder kühlen sich in White Cliffs früh im Fahrtwind. Mit vier bekommen sie oft Mopeds. Als Trevor, der Junge auf der Maschine rechts, sein erstes Auto zu Schrott fuhr, war er noch keine acht. Aber wenigstens sind keine Fußgänger gefährdet; in der Mittagshitze ist der Ort wie ausgestorben

Hose an und sogar die Haare feucht gekämmt: Seit Jahren ist niemand zu ihm in die Höhle gestiegen. Nun aber führt Valpy uns zu den Schafschädeln, die den Eingang seines Dugouts markieren. Nur zwei dünne Drähte, wirr umeinander geschlungen, halten die Eisenleiter, die in die Tiefe führt. „Keine Panik", sagt er, aber in seiner Stimme schwingt Unsicherheit.

Die Leiter schneidet in die Hände, dünn und kantig wie sie ist. Sie dreht sich von der Wand weg, knallt dann mit Wucht zurück. Steine lösen sich. „Noch alles in Ordnung?", fragt Valpy besorgt. Er ist schon unten angekommen. Auch wir erreichen mit einem Sprung den Höhlenboden.

Als Erstes machen die Augen eine Feuerstelle aus, wenig mehr als verbeultes Wellblech. Dann werden Details sichtbar: die Puddingtüte, deren Inhalt sich auf einem Tisch mit dem Hundefutter mischt, die Eier im Staub neben der provisorischen Dusche aus Eimer und Seife. Der Boden ist übersät von abgebrannten Streichhölzern, die untersten liegen dort seit zwei Jahrzehnten. „Ein Albtraum", sagt Valpy.

Er erzählt mühsam, verschluckt Silben, als wir fragen, wie er in den Albtraum geraten ist. „Junge, als Schafscherer bist du wer im Leben", hatte sein Vater ihm geraten. Valpy sollte die elterliche Farm in Neuseeland übernehmen, merkte aber bald, dass nichts zu übernehmen war, außer einem erdrückenden Berg Schulden. „Damit fing es an", sagt Valpy – und mit „es" meint er Alkohol, Schlägereien, enttäuschte Frauen. 1977 floh er das erste Mal vor seiner Vergangenheit – nach Australien. Hier stellten sie keine Fragen. Anfangs lachte Valpy befreit auf und zerrte ein widerspenstiges Schaf nach dem anderen aus der Herde – jedes fast so schwer wie er selbst.

In guten Zeiten verdiente er 700 Dollar die Woche, er heuerte bei Farmen in halb Australien an und hatte Kraft für drei. Aber die Zeiten sind nicht mehr gut. Lange hat Valpy kein Schaf mehr geschoren, er braucht dafür inzwischen acht Minuten. Andere können schon nach drei Minuten ein nacktes Tier in den Schacht nach unten stoßen. Das allein zählt.

Der ersten Flucht folgten weitere. Im Grunde unzählige – seit Valpy vor 21 Jahren auf der Durchreise seine Höhle in White Cliffs entdeckte. Denn jeder Abstieg in den aufgegebenen Minenschacht ist eine Flucht vor der Welt. Meist brennt in der Dunkelheit nur eine Kerze, die neben dem Bett. An dieser tiefsten Stelle der Höhle ist Valpys Platz zum Vergessen. Ausgerechnet hier hat er eine Tagesdecke glatt gestrichen, in der Nacht Bierflaschen und Dosen aufgesammelt – und damit einen Anfang gemacht. Nun will Valpy auch „den Rest der Sachen" richten: Die einsturzgefährdete Decke der Höhle sichern, einen Teppich verlegen, mit seinem Leben Frieden machen. „Wenn ihr das nächste Mal kommt, ist alles anders", verspricht er. „Möchtet ihr frische Trauben? Ich habe frische Trauben gekauft." Valpy klettert die Leiter nach oben, ist geblendet vom Licht der Abendsonne.

Auf unserem Rückweg zum Ort winkt Patch uns von seinem Wohnwagen aus zu. Er füttert gerade Ziege und Schwein mit Hundefutter und erzählt, dass er sich vorgenommen hat, ein anderes Auto zu besorgen. Sein Ford, Baujahr 1973, springt nur noch selten an. „Aber es müsste ein rotes sein", sagt Patch. „Chops mag nur rote Autos."

Patch wird sich das Auto ertauschen. Er wird Dreck schaufeln oder Kompressoren reparieren. Allerdings nur, wenn er Lust hat – und wenn es in diesem flüchtigen Augenblick zufällig einmal nicht zu heiß ist. Bei „14 Liter Wasser und zweimal Klo" schart Patch viel lieber Ziege und Schwein vor dem Wohnwagen um sich, dreht die Musik bis zum Anschlag und sitzt nackt unter seinem Plastiksack mit Duschkopf.

Das kühle Wasser rinnt auf seine Haut – und Patch blickt in den Himmel. Unmöglich kann er sich satt sehen am Stahlblau, Zartblau, Unendlichblau, das White Cliffs überspannt. Von seinem Stuhl aus sammelt er Opale am Himmel: Diese Momente, wenn ein zunächst kaum wahrnehmbares Rot im Westen aufglüht und schließlich in Nacht übergeht. Dann steht Patch auf, abgetrocknet vom Wind. ❙

Franz Killmeyer, 52, stützte sich auf eine ausgefeilte Wickeltechnik, um seine Fotoausrüstung vor feinem Staub zu schützen. **Meike Kirsch** brachte leider keinen Opal, sondern nur einen blauen Fleck aus White Cliffs mit: Patchs eifersüchtiges Schwein hatte ihr in die Wade gebissen.

Reisen nach dem

»Mit nichts im Beutel große Sprünge machen« – so können junge Deutsche seit ein paar Jahren Australien erkunden. Mit einem Working Holiday Visum dürfen sie nämlich in Down Under jobben – und so ihre Reisekasse füllen. Eine von ihnen hat für GEOSpecial Tagebuch geführt

TEXT UND FOTOS: JENNIFER GRUPPENBACHER

Auf dem Weg zur Great Ocean Road: So fühlt sich Freiheit an

FRANKFURT, 10. AUGUST

Stocksteif vor Flugangst sitze ich in der Maschine, nur ein anderes Gefühl macht sich noch ähnlich in mir breit: das, komplett wahnsinnig zu sein. Genau heute bin ich zwei Monate mit Julian zusammen. Und ich setze mich an unserem Jubiläum ins Flugzeug nach Australien, um diese zwar noch kurze aber wunderbare Beziehung auf E-Mails und Anrufe zu reduzieren! Sechs Monate werden wir uns nicht sehen. Aber ich hatte es eben schon seit Weihnachten geplant und vorbereitet: mit dem Rucksack durch Australien reisen und dabei jobben. Denn gleich nach dem Abitur studieren, das wollte ich nicht. Ich hätte mich blind für ein Fach eingeschrieben, brauchte mehr Zeit, einen anderen Blick aufs Leben.

Erst dachte ich an ein Freiwilliges Soziales Jahr oder an einen Au-pair-Aufenthalt in Irland, dann aber erzählten Freunde mir vom „Working Holiday Visum" für Australien, und ich wusste, das ist es. Je mehr ich mich mit der Materie auseinandersetzte – von Visaformalitäten bis zum Kleingedruckten in den Policen der Reiseversicherungen – desto mehr tauchte ich ein in eine geschäftige, sorglose Vorfreude. Erst vorhin, als wir die 40 Kilometer von Nieder-Beerbach zum Flughafen fuhren, ist mir mit einem Schlag klar geworden, dass es jetzt ernst wird, dass ich mein gewohntes Umfeld hinter mir lasse: meine Familie, meine Freunde, mein Zuhause. Jetzt bleibt mir nur noch, diesen 22-stündigen Mega-Trip zu überstehen und zu sehen, ob ich dieser Herausforderung wirklich gewachsen bin.

Abstecher nach Neuseeland: Mein Hostel-Zimmer, ein bisschen Chaos und ich

Der einzige Job, den ich schon nach zwei Tagen schmiss: Eis verkaufen

Känguru-Prinzip

Das Pflichtfoto jeder Australienreise: Ayers Rock

BRISBANE, 12. AUGUST

Die Bilanz nach einem Tag Australien ist äußerst positiv! Schon im Flugzeug hat mich Frank – ein Australier, der neben mir saß – mit seiner Adresse in Gladstone ausgestattet. Er wollte mich einfach nicht in seinem Land ankommen lassen, ohne dass ich jemanden kenne. An der Gepäckausgabe habe ich eine Deutsche getroffen, und eben war ich mit einer Kanadierin aus dem Sechs-Bett-Zimmer meines Hostels essen. Ich merke schon: An sozialer Isolation gehe ich nicht zugrunde. Viel eher an meinem Rumgestammel: „Where is the, the …“ Was heißt eigentlich Mülleimer, verdammt? Wird schon noch, erst recht nach der Euphoriedusche heute: Obwohl eigentlich viel zu müde, bin ich wie im Rausch durch die Straßen von Brisbane gelaufen. Dieses unglaubliche Licht! Die Sonne hier ist ein großer brennender Ball an einem dunkelblauen, endlosen Himmel. Palmen reihen sich an den Straßen, und im Botanischen Garten fliegen Kakadus. Nun sitze ich im Hostel auf einem spektakulär wackeligen Hochbett. Die Mädels laufen raus und rein, auch das Licht ist noch an. Aber ich bin müde, wie nie in meinem Leben zuvor.

PARK RIDGE, 20. AUGUST

Ab heute wühle ich in der Erde. Für Unterkunft, Essen – und für Familienanschluss, was der Hauptbeweggrund war, diesen Job auf der „Friedrich's Organic Farm“, eine dreiviertel Stunde Fahrt von Brisbane entfernt, anzunehmen. Mit Leuten wie Detlef und Muriel, den Besitzern dieses Biobauernhofs, kann ich mich einfach besser einleben. Noch in Brisbane hatte ich mir das Buch der Organisation „Willing Workers On Organic Farms“ (WWOOF) besorgt und bei den sympathisch klingenden Hofbesitzern angerufen. Jetzt stehe ich in den nächsten vier Wochen von acht bis sechs Uhr auf dem Feld. Die Tagesaufgabe heute: 70 Bund Frühlingszwiebeln. Und weil ein Bund aus zehn Zwiebeln besteht, mussten Hiroko, meine japanische Zimmergenossin, und ich 700 davon aus der Erde ziehen, sie von Wurzeln und braunen Blättern befreien, mit Wasser abspritzen und in Kartons packen. Mal sehen, was morgen kommt. Hoffentlich keine Erdbeeren, für die muss man sich noch tiefer bücken. Egal, in Zukunft werde ich Obst und Gemüse mit mehr Respekt einkaufen – da steckt viel Arbeit dahinter!

HERVEY BAY, 2. OKTOBER

Die Wochen auf den Feldern sind überstanden, irgendwann hat auch der Muskelkater nachgelassen, und ich reise nun im Greyhound-Bus entlang der Küste gen Norden. Heute habe ich eine Pause eingelegt und bin mit einem Schiff aufs Meer rausgefahren, zum *whale watching*. An Deck waren fast ausschließlich Leute, deren Blicke deutlich sagten: Was macht dieses Mädchen ›

Rekordernte: Die Riesenrübe auf der Biofarm wog zehn Kilo

Der Beweis: Ich war am Great Barrier Reef tauchen!

alleine hier? Nun, ich hatte halt niemanden gefunden, der mit wollte. In solchen Situationen ärgert mich die noch vorhandene Sprachbarriere mehr als sonst – und mein Selbstbewusstsein rutscht in den Keller. Zum Glück entdeckte ich bald, was mich diese Tour eigentlich buchen ließ: Buckelwale, die sich hier von August bis Oktober tummeln. Diese riesigen, schweren Tiere, die elegant durchs Wasser gleiten. Die sich in die Luft werfen, mit den Schwanzflossen planschen und Wasserdampfwolken ausatmen. Ich verknipste fast einen ganzen Film und stieg, wieder zurück an Land, zufrieden in den Bus, der mich weiter nach Bundaberg bringen wird, in die Metropole der *fruitpicker*, der Obst- und Gemüsepflücker.

BUNDABERG, 5. OKTOBER

Ein Wunder, dass ich noch schreiben kann! Ich halluziniere schon Cherry-Tomaten aufs Papier, so fertig bin ich nach diesem Arbeitstag. Um halb fünf muss ich aufstehen. Nur dann bleibt mir Zeit, zwei Sandwiches zu belegen – ohne diese Energie zum Mitnehmen geht es nicht. Um halb sechs fährt der kleine Bus vom Hostel, in das ich mich einquartiert habe, zu den Feldern. Punkt sechs muss die erste Tomate geerntet sein. Die Farmersfrau macht Druck, denn wir werden nicht nach Eimern, sondern nach Zeit bezahlt: 14 australische Dollar die Stunde, von denen fieserweise gleich 29 Prozent als Steuer für *non-residents* einbehalten werden. Ich freue mich nach dem Stehen in der Hitze immer dermaßen auf die kurzen Pausen, dass die Antreiberin für mich schon zum Engelsboten wird, als sie mir einen Lolli mit Kaffee-Geschmack schenkt – zur Aufmunterung. Neben mir arbeiten übrigens nicht nur Backpacker, sondern auch Leute aus dem Ort, die ihr ganzes Leben nichts anderes tun. Wie deprimierend! Ich möchte schon in einer Woche mit dem Bus weiterreisen – zu den Whitsunday Islands, um mich für die Strapazen hier zu belohnen. Hoffentlich habe ich bis dahin 500 Dollar zusammen.

Mein Geburtstag mit Katrin und Frauke in den Atherton Tablelands

CAIRNS, 24. OKTOBER

Ich bin in Cairns, meiner nördlichsten Reisestation – und habe Katrin getroffen, ein Mädchen aus meiner Darmstädter Abiturklasse. Unglaublich. Und es kam noch viel besser: Sie wollte in dieser Backpacker-Hochburg gerade ihren Job in einer Eisdiele aufgeben, und ich suchte einen – also machten wir einen fliegenden Wechsel. Allerdings verstand ich schnell, warum Katrin gekündigt hatte: Der Chef war ein Ekel. Dauernd erklärte er mir wild gestikulierend, was ich alles falsch machte, und ich musste ja nicht nur perfekt geformte Eiskugeln auf die Tüten setzen, sondern auch Smoothies und Milkshakes in unzähligen Variationen mixen. Am zweiten – unbezahlten! – Einarbeitungstag hatte auch ich genug. Schade, bisher lief alles so gut, und jetzt dieser Dämpfer! Aber ich

Auf dem Holzweg nahe Cradle Mountain

Leuchtturm am Double Island Point – Kapitän James Cook gab ihm den Namen

werde meinen 20. Geburtstag morgen trotzdem gut gelaunt feiern – mit einer Tour zu den Wasserfällen der Atherton Tablelands. Für die nächsten Tage habe ich mir auch vorgenommen, am Riff zu tauchen!

ULURU/AYERS ROCK, 6. NOVEMBER

Ich habe einen ziemlich großen Sprung auf der Landkarte hinter mir, von Cairns mit dem Bus direkt ins Zentrum nach Alice Springs – und von dort noch einmal 450 Kilometer durch die Wüste zum Uluru, den viele auch Ayers Rock nennen. Ich kam mitten in einen Wolkenbruch. Das Wasser stürzte entlang der vielen Rillen und Einkerbungen des roten Felsens in die Tiefe, Blitze flackerten auf, verästelten sich am Himmel. Eine wahrhaft magische Begegnung mit diesem australischen Wahrzeichen. Und der Regen hörte einfach nicht auf. Statt wie geplant unterm Sternenhimmel, habe ich meinen Schlafsack deshalb in der Waschküche des Campingplatzes ausrollen müssen. Auf Unmöglichkeiten wie Nässe von oben ist das Tourunternehmen, mit dem ich unterwegs bin, ganz offensichtlich nicht eingestellt. Auch Melanie, eine Deutsche, die ich hier kennen lernte, nimmt es mit Humor. Sie will einen Campervan mieten, und so werde ich mit ihr über die Great Ocean Road nach Melbourne fahren.

MELBOURNE, 24. NOVEMBER

Die Stadt, in der ich drei Monate arbeiten und auf Julian warten will, hat mich nicht gerade mit offenen Armen empfangen. Ich suchte einen Job in den Stellenanzeigen der Backpacker-Zeitschriften, in Hostels und Arbeitsagenturen – überall Fehlanzeige. Nur der Pizzaladen um die Ecke brauchte eine Kassiererin – und kassieren wollte ich nach meinem Eisdielen-Erlebnis nicht unbedingt wieder. Trotzdem stellte ich mich vor und konnte sofort anfangen: zwei Schichten à sechs Stunden die Woche, zehn Dollar die Stunde, bar auf die Hand. Offenbar habe ich doch von der Eisdiele profitieren können: An der Kasse stehen ist kein Problem mehr, aber Bestellungen am Telefon aufnehmen – schrecklich! Wenn sie nicht direkt vor mir stehen, diese nuschelnden Australier, verstehe ich sie noch schlechter als sonst. Es hat eine Ewigkeit gedauert, bis ich kapiert habe, dass mit „bkd ptoes“ Ofenkartoffeln gemeint sind.

MELBOURNE, 26. NOVEMBER

Seit gestern putze ich auch in meinem Hostel: zwei Stunden für eine Übernachtung. Einfach an der Rezeption nachgefragt, und die Sache war geritzt. Allerdings ist es nicht die schönste Arbeit: Mülleimer leeren, Bettwäsche wechseln, sauber machen. Zusammen mit zwei anderen aus dem Hostel gehe ich zwischen elf und zwei von Zimmer zu Zimmer. Beliebt machen wir uns dabei nicht gerade, denn manche schlafen da noch. In den Zimmern stinkt es nach Schlaf, Schweiß, Alkohol, am liebsten möchte ich jedes Mal rückwärts wieder raus. Und es gibt nun wirklich Angenehmeres, als dreckige Unterwäsche anzufassen. Aber immerhin wird mir Melbourne sympathischer: Ich setze mich gern in die uralten Trambahnen und ruckele auf den Schienen durch die Straßen oder zum Strand von St. Kilda. ›

Beim Spendensammeln in Melbourne: „Do you like to give a small donation?“

Tierpark bei Hobart – Süüüüß

Wandern? Auf Tasmanien ein Traum

MELBOURNE, 30. JANUAR

Nur noch zwei Wochen bis Julian ankommt, dann haben wir es tatsächlich geschafft – das halbe Jahr ist um! Gleichzeitig bedeutet das aber auch: Die Erfahrung, alleine durch Australien zu reisen, geht zu Ende. Mir hat der Zwang zur Selbstständigkeit gut getan, merke ich. Seit einer Woche habe ich wieder einen neuen Job: Ich gehe von Haustür zu Haustür, bitte um Spenden für die Kinderkrebshilfe – und bin stolz, dass mein Englisch durch das Arbeiten schon so gut geworden ist, dass sich oft ein freundlicher Small Talk ergibt. Die Australier bieten mir nicht selten ein Glas Wasser an, gut bei der Hitze, und suchen das ganze Haus nach Kleingeld ab. Einige berichten auch von eigenen Erfahrungen mit Krebs. Einer hat gleich seinen Hut abgesetzt und mir die von Hautkrebs zerfressene Kopfhaut gezeigt. Abends habe ich meist um die 200 Dollar gesammelt – 22,5 Prozent davon darf ich als Provision behalten. So werde ich wohl auf 300 Dollar die Woche kommen.

MELBOURNE, 14. FEBRUAR

Seit gestern ist mein letzter Job gekündigt. Ungefähr 2550 Euro habe ich in den sechs Monaten verdient. Heute klingelte mein Wecker noch einmal um fünf Uhr, damit ich Julian rechtzeitig am Flughafen abholen konnte. Nach quälenden Minuten in der Ankunftshalle ist er endlich aus der Tür gekommen. Noch nie habe ich jemanden so fest umarmt. Zwölf Wochen werden wir jetzt reisen können – und zusammen den Rest des Kontinents erkunden. ❙

Mit Julian in Melbourne. Endlich

DER WEG ZUM WORKING HOLIDAY VISUM

Das **Working Holiday Visum** (WHV) können deutsche Staatsangehörige im Alter von 18 bis 30 Jahren beantragen – Österreich und die Schweiz haben mit Australien noch kein entsprechendes Abkommen geschlossen. Bewerbungen sind ausschließlich online und in englischer Sprache möglich, zu den Formularen führt die Homepage der australischen Botschaft in Deutschland www.australian-embassy.de. Die Gebühr von zurzeit 170 australischen Dollar muss per Kreditkarte bezahlt werden. Ist das WHV erteilt, bleibt ein Jahr, um einzureisen. Ab dem Tag der Einreise gilt das Visum für zwölf Monate, spätestens alle drei Monate ist ein Jobwechsel vorgeschrieben. Hilfe bieten kommerzielle Anbieter wie Step In oder Travelworks, die im Internet vertreten sind. Man kann den Aufenthalt aber auch selbst organisieren. Hilfreich sind dabei Informationsquellen wie www.reisebine.de, www.work.australia.com oder der Führer „Australien: Reisen und Jobben“ (Reise Know-How Verlag, 2. aktual. Aufl. 2005, 8,90 €).

DER KAMPF GEGEN DIE SEEHECHT-PIRATEN

Moderne Freibeuter dringen immer häufiger in australische Gewässer ein. Sie fangen seltene Fischarten, die in Asien als Delikatesse geschätzt werden – vor allem den Schwarzen Seehecht. Patrouillenboote haben die Jagd auf die weltweit operierenden Banden eröffnet – und versenken mitunter deren Kutter

TEXT: CHRISTIAN JUNGBLUT

Vor dem australischen Patrouillenschiff „Oceanic Viking" taucht aus dem Gischtsaum plötzlich der rostige Rumpf eines Fischerbootes auf. Der Kutter im hochschäumenden Südindischen Ozean hat sein Langleinengeschirr im Wasser – 20 Kilometer lange Angeln, die mit ungefähr 15 000 Haken bestückt und feinsten Sardinen beködert sind. Bis in 2000 Meter Tiefe reichen die Leinen hinunter.

Dem Inspektor der Fischereiaufsicht ist sofort klar: Die Kuttercrew vor ihm jagt *Dissostichus eleginoides*, den gut zwei Meter langen Schwarzen Seehecht, der meist Patagonian Toothfish genannt wird – ein furchterregendes Tier, das zerzaust und angenagt wirkt und dessen Unterkiefer weit nach vorn übersteht. Doch in den Gourmet-Restaurants der USA und Japans ist sein schneeweißes, fetthaltiges Fleisch eine begehrte Delikatesse. Ohne zu zögern, blättern Köche bis zu 100 US-Dollar pro Kilo für das „weiße Gold der Meere" hin. Ein Reeder kann deshalb mit einer einzigen Fangfahrt reich werden. Durchschnittlich 400 Tonnen des Fisches passen in den Laderaum eines Kutters. Wert beim Verkauf direkt im Hafen: vier Millionen Dollar.

Der Kapitän des Patrouillenbootes befiehlt, mit voller Fahrt auf den Kutter zuzuhalten, denn dessen Besatzung wildert im Sperrgebiet der „Konvention zur Bewahrung der antarktischen Meereslebewesen" (CCAMLR). Das Abkommen verbietet den unkontrollierten Fang in Gewässern rund um die Antarktis. Doch immer häufiger dringen moderne Freibeuter auch in die Hoheitszonen der antarktisnahen australischen Heard und McDonald Islands oder der französischen Kerguelen ein. Im Atlantik vor der Küste Argentiniens haben sie den in kalten Südgewässern heimischen Schwarzen Seehecht bereits nahezu ausgerottet und folgen seither den Beständen nach Osten. Jetzt bedrohen die Raubfischer das marine Biotop der Antarktis. Ihre geschätzte illegale Beute pro Jahr: rund 30 000 Tonnen des begehrten Fisches.

Das in der See schlingernde Piratenboot ist schon das 13. in nur sechs Monaten, das im Schutzgebiet aufgespürt wird. Als die „Oceanic Viking" nahe genug ist, stellt ihr Kapitän fest: Das Schiff heißt „Sargo", und am Heck weht die Flagge Togos – eine Schattenflagge, unter der Reeder wie Kapitäne durch keinerlei Gesetze eingeschränkt werden. Die Reeder stammen häufig aus Korea und haben ihren Sitz auf Las Palmas; die Kapitäne kommen nahezu allesamt aus dem nordspanischen Galicien. Da Togo, wie viele Schattenflaggen-Länder, nicht der CCAMLR beigetreten ist, begeht der Kapitän der „Sargo" nicht einmal Rechtsbruch, wenn er in der Schutzzone seine Angeln auslegt. Die Crew des australischen Patrouillenbootes darf ihn weder am Weiterfischen hindern noch sein Schiff entern. Wie schon sechs Mal zuvor kann sie einen Toothfish-Kutter mit Togo-Flagge nur machtlos umkreisen.

Seit gut einem Jahrzehnt ist in den südlichen Ozeanen eine Geisterflotte von vermutlich 50 Schiffen unterwegs. Es sind Rosteimer, die heute den einen Namen tragen und morgen den anderen, die mal in Montevideo registriert sind und dann wieder in Belize. Seelenverkäufer, auf denen außer den Offizieren und Ingenieuren alle weiteren Mannschaftsränge aus China oder Indonesien stammen, ein Sklavendasein fristen und manchmal nach einem Beutezug sogar ohne Heuerzahlung von Bord gejagt werden.

Als Piratennest der Seehecht-Fischer galt bis vor kurzem das gehobene Urlauberziel Mauritius. Dort, im Schatten der Nobelhotels von Port Louis, entluden sie ihre Beute in Kühlfrachter mit Bestimmungshäfen wie Hongkong oder Singapur – bis die Insel-Regierung, auf internationalen Druck hin, sich mehr und mehr aus dem trüben Geschäft

Ende einer Jagd über 4000 Seemeilen: das aufgebrachte Piratenschiff »Viarsa I« (vorn) im Hafen von Fremantle

herauszog. Seither treffen sich die Freibeuter mit den Versorgungsschiffen meist weit entfernt von allen Routen auf hoher See, wo sie nur durch militärische Überwachungssatelliten entdeckt werden könnten.

Und sie werden immer dreister. Im Fischereiministerium von Australien spricht man bereits von einem „neuen Feld der organisierten Kriminalität". Das Nachrichtenmagazin „The Bulletin" stellt dazu fest: „In etlichen Aspekten ähnelt dieses Geschäft dem Drogenhandel: Die organisierten Syndikate spielen Katz und Maus mit den Justizorganen; über dem kleinen Fischkutter oder dem Straßendealer stehen komplexe, globale, konzernähnliche Strukturen; Spione warnen vor Patrouillenbooten."

Die dramatischste Jagd der Australier auf einen Toothfish-Piraten hatte 20 Tage gedauert und über rund 4000 Seemeilen von den Heard und McDonald Islands bis weit westlich von Südafrika geführt. Die Crew des Patrouillenbootes „Southern Supporter" entdeckte im August 2003 den Kutter „Viarsa 1" innerhalb des australischen Hoheitsgebietes. An seinem Heck wehte die Flagge Uruguays, das der CCAMLR beigetreten ist. Dennoch verweigerte der Kapitän eine Inspektion und floh. Wie es das Abkommen verlangt, war die „Viarsa 1" mit einem „Vessel Monitoring System" ausgerüstet, einem GPS-Sender, der die Position des Schiffes an die CCAMLR-Zentrale in Australien durchgibt. Den Meldungen zufolge sollte sich das Schiff im südlichen Indischen Ozean aufhalten, weit außerhalb der Schutzzone. Offenbar hatten die Fischpiraten das Gerät so manipuliert, dass es falsche Positionen übermittelte.

Um den Verfolger abzuschütteln, steuerte der Kapitän der „Viarsa 1" westwärts, kämpfte sich durch einen Orkan mit über zehn Meter hohen Wellen und schlug dann einen Haken ins Packeis. Ein riskanter Kurs, denn weder Kutter noch Patrouillenboot hatten eine verstärkte Außenhaut. Zwei südafrikanische Schiffe kamen den Australiern schließlich zu Hilfe, während ein britisches Fischereischutzboot von den Falkland-Inseln der „Viarsa 1" entgegensteuerte.

Nach drei Wochen, als sich der Fischpiratenkutter schon weit im Südatlantik befand, konnten ihn die Verfolger stoppen, entern und zum westaustralischen Hafen von Fremantle zurückgeleiten. Den illegalen Fang, rund 97 Tonnen Schwarzen Seehecht, konfiszierte der australische Staat. Die fünf führenden Mannschaftsmitglieder wurden verhaftet, im September 2005 wird der Prozess gegen sie fortgesetzt.

Unrechtsbewusstsein zeigen die Kriminellen äußerst selten. In einem Interview mit dem australischen Fernsehprogramm „Four Corners" erklärte José Sanchez, ein spanischer Steuermann: „Wir Fischer verstehen die australischen Gewässer nicht als nationales Eigentum. Für uns Europäer haben sie keinen Besitzer, weil dort, anders als bei uns, weit und breit niemand ist." Und für die noch entlegenere See der Antarktis gilt diese Auffassung erst recht.

Die Freibeuter fühlen sich als Herren des antarktischen Meeresraumes, als wilde, heroische Abenteurer, die gefährlichen Brechern mit ihren kleinen Kuttern trotzen, sich nicht vor den Soldaten der Marine fürchten und vom Gewinn einer einzigen Fangreise ihrer Geliebten ein Fünf-Zimmer-Apartment schenken können.

Dass ihre Angeln nicht nur Schwarzen Seehecht fangen, stört sie nicht. Oft stürzen sich Albatrosse auf die mit Sardinen bestückte Leine, schlucken den Haken mit dem Köder und ertrinken. 20 000 dieser ozeanischen Segler, so schätzen australische Umweltschützer, kommen jährlich durch Fischpiraterie um. Einige Populationen sind ernstlich bedroht.

Hässlich, aber höchst begehrt: Der Schwarze Seehecht kann zwei Meter lang und 50 Jahre alt werden

Allmählich bildet sich eine breite Front gegen die Raubfischer: Die mächtige, weltweit agierende „Internationale Transportarbeiter Föderation" zum Beispiel rief zum Kampf auf; in den USA läuft ein Boykott gegen Händler und Restaurants, die den Schwarzen Seehecht anbieten; in Australien überlegt die Regierung, ob sie ein weiteres mit Maschinengewehren bestücktes Inspektionsboot bauen lässt.

Das Land verfährt immer unnachgiebiger mit gefangenen Freibeutern, wie das Beispiel „Viarsa 1" zeigt. Vor ein paar Jahren wäre die Crew mit einer geringen Geldstrafe davongekommen. Heute muss sie mit Haft rechnen. Inzwischen enden Piratenschiffe auch als künstliches Riff. So wie die russische „Lena", die im Februar 2002 im Hoheitsgewässer aufgebracht und vor der westaustralischen Küste bei Bunbury versenkt wurde. Nun liegt sie in 17 Meter Tiefe und ist ein kleines Biotop, ein Paradies für Meereslebewesen. ∎

GEO-Reporter **Christian Jungblut**, 61, wagte sich 2000 als angeblicher Händler einer deutsch-neuseeländischen Fischfirma unter illegal operierende Kutterbesatzungen und fachsimpelte mit deren Kapitänen. Sein Urteil fünf Jahre später: Die Piraten sind noch dreister geworden.

DA IST WAS IM BUSCH

Der größte Luxus ist hier die Natur: GEO Special hat acht Rückzugsorte ausgewählt, die allein für ihre Lage fünf Sterne verdient hätten. Sie liegen im Outback, im dichten Regenwald, an steilen Klippen – und manche im Hochpreisbereich. Aber Träumen ist ja in jedem Fall erlaubt

INFORMATION: www.longitude131.com.au
E-Mail: travel@voyages.com.au
Tel. 0061-2/8296 8010
GEÖFFNET: ganzjährig
PREISE: 1460 AUD/Zelt für eine Person, 1800 AUD/Zelt für zwei Personen, Mindestaufenthalt zwei Nächte, alles inklusive, auch Bushwalks und geführte Touren

NOCH NÄHER AM HERZEN des Kontinents darf kein Besucher schlafen. Die komfortablen High-Tech-Zelte sind nur zehn Kilometer von Uluru entfernt aufgeschlagen. Ihre wichtigste Ausstattung: Ein Schalter, der die Jalousien der Panoramafenster öffnet – und den magischen Felsen direkt vor die Augen zaubert

AYERS ROCK,
NORTHERN TERRITORY

Longitude 131

Ningaloo Reef Retreat

NUR VON HAUCHDÜNNEM STOFF umgeben – und doch perfekt versteckt. Die genaue Lage ihres Zelthotels geben die Eigentümer erst nach einer Buchung bekannt. Kängurus finden den Weg auch ohne Anfahrtsbeschreibung: Wenn abends die Sonne rot glühend über dem Riff untergeht, springen sie am Strand entlang – und die Gäste schauen ihnen aus der Hängematte zu

INFORMATION:
http://www.ningalooreefretreat.com
E-Mail: info@ningalooreefretreat.com
Tel. 0061-8/9949 1776
GEÖFFNET:
ganzjährig
PREISE:
ab 195 AUD/Person im Swag, einem komfortablen Schlafsack, 320 AUD/Zelt für eine Person, 530 AUD/Zelt für zwei Personen, Schnorchelausrüstung und -touren inklusive

NINGALOO REEF, WESTAUSTRALIEN

TWEED VALLEY, NEW SOUTH WALES

IN EINER FLUT AUS TROPISCHEM GRÜN bietet die Arche Selbstversorgern alles zum Überleben: eine voll ausgestattete Küche, ein *Kingsize*-Bett – aber kein Telefon. Auch Mobiltelefon-Signale dringen selten bis in den Regenwald vor. Wie in der Bibel: ausschließlich für Paare

INFORMATION:
www.ccrr.com.au
E-Mail: info@crystalcreekrainforestretreat.com.au
Tel.: 0061-2/6679 1591
GEÖFFNET:
ganzjährig
PREISE:
ab 285 AUD/Bungalow für zwei Personen

Crystal Creek Rainforest Retreat

BETTEN AUF HALBEM WEG ZUM HIMMEL, in den grünen Wipfeln eines uralten Regenwaldes. Von November bis April prasseln hier fast täglich, meist nachmittags, schwere Tropfen. Sie lassen Gäste die Grundausstattung der luftigen Liebesnester leidenschaftlich nutzen: Regenschirme

Daintree EcoLodge & Spa

INFORMATION:
www.daintree-ecolodge.com.au
E-Mail: info@daintree-ecolodge.com.au
Tel. 0061-7/4098 6100
GEÖFFNET:
ganzjährig
PREISE:
ab 490 AUD/Villa für eine Person, 530 AUD/Villa für zwei Personen, inklusive Frühstück, ausgezeichnete Wellness-Anwendungen

DAINTREE, QUEENSLAND

ZIMMER BIS ZUM HORIZONT: Absoluter Luxus wird in den am Ozean verstreuten Villen des Resorts auf Bedarra Island, einem betörenden Inseltupfer vor der tropischen Küste Queenslands, zelebriert. Hier beinhaltet »all inclusive« auch wirklich alles. Wer mag, kann in Bollinger Champagner baden

Bedarra Island Resort

INFORMATION:
www.bedarraisland.com
E-Mail: travel@voyages.com.au
Tel. 0061-2/8296 8010
GEÖFFNET:
ganzjährig
PREISE:
ab 1050 AUD
pro Person/Villa,
alles inklusive

WHITSUNDAYS, QUEENSLAND

INFORMATION:
Suzette und Adrian Pelt
www.babs.com.au/Canecutters
E-Mail: pelt@whitsunday.net.au
Tel. 0061-7/4946 7400
GEÖFFNET:
ganzjährig, außer vom 25. Dezember bis 7. Januar
PREISE:
ab 120 AUD/Cottage,
Frühstück auf Wunsch,
Mindestaufenthalt
zwei Nächte

DAS LIEBEVOLL RESTAURIERTE GÄSTEHAUS ist nur ein paar Kilometer von der Whitsunday-Insel entfernt, auf der sich Pater Ralph im Buch »Dornenvögel« das einzige Mal seiner weltlichen Liebe zur schönen Meggie hingab. Hätte sich der Bruch des Zölibats im Cottage vollzogen – der Geistliche wäre wohl im Paradies auf Erden geblieben

Cane Cutters Cottage

INFORMATION:
www.wrothampark.
com.au
E-Mail: travel@voya
ges.com.au
Tel. 0061-2/8296 8010
GEÖFFNET:
bis 15. Dezember
2005 und wieder ab
1. April 2006
PREISE:
ab 800 AUD pro
Person/Lodge, alles
inklusive

Cradle Mountain Lodge

INFORMATION:
www.cradlemountain
lodge.com.au
E-Mail: travel@voya
ges.com.au
Tel. 0061-2/8296 8010
GEÖFFNET:
ganzjährig
PREISE:
ab 115 AUD bis
580 AUD pro Person
und Übernachtung,
Frühstück inklusive

MOLLIG WARM DARF DAS WASSER in der Wanne ruhig sein, denn draußen, in der tasmanischen Wildnis um den Cradle Mountain, fällt auch im Sommer schon mal Schnee. Jede Blockhütte hat einen elektrischen Heizlüfter. Noch besser: die bereit liegenden Holzscheite im offenen Kamin aufschichten und die Flammen lodern sehen

AM CRADLE MOUNTAIN-LAKE ST. CLAIR NATIONALPARK, TASMANIEN

DIE AUFGEHENDE SONNE lässt die Felsen am Mitchell River erst in einem dunklen Rot aufleuchten, später in grellem Orange. Das Farbspiel in der Wüste ist die Hauptattraktion der Designer-Hütten, die inmitten einer 600 000 Hektar großen Rinderfarm liegen

Wrotham Park Lodge

Immer schön weiter

Overland Track: das bedeutet sieben Tage Rucksack schleppen, heftige Anstiege, schmerzende Muskeln – und Ausblick auf sanft fliessende Hügel, tintenblaue Bergseen, Regenwälder mit Eukalyptusbäumen und mannshohen Farnen. Was Tasmanien an Naturschönheiten zu bieten hat, konzentriert sich entlang dieser Route

Tausende Wanderer meistern den Track jedes Jahr, aber nur die ausdauerndsten schaffen auch den steilen Abstecher zum Mount Ossa

TEXT: NINA FREYDAG FOTOS: GERD LUDWIG

»Die Luft ist sauber und voll Verheißung. Aber haben wir an der letzten Kreuzung den richtigen Pfad gewählt?«

Aus dem mit Seen gesprenkelten Hochplateau ragt der Barn Bluff. Ein Wanderer ruht sich unweit des wiegenförmigen Cradle Mountain aus, auf dessen 1545 Meter hohen Gipfel ein südlich von Kitchen Hut beginnender Pfad führt

Die junge Frau ging allein. Sie trug keinen Rucksack, denn sie wollte noch am selben Tag wieder hinab ins Tal. Es war Hochsommer, der zweite Weihnachtstag, die Bergzinnen sahen freundlich aus. Der Pfad wurde schmaler, verwunschen wie in einem Märchen. Er führte auf eine Hochebene mit kleinen Teichen und bizarr geformten Felsen. Irgendwann müssen dann Wolken aufgezogen sein, wie aus dem Nichts. Plötzlich fing es an zu schneien. Spätestens da mag die junge Frau umgekehrt sein. Doch bald war alles weiß, kein Weg mehr zu erkennen. Wie lange die Frau den Rückweg suchte, weiß niemand. An jenem Tag im Jahr 2000 verschwand sie für immer.

Hätten wir diese Geschichte doch nie gehört! Dann würden wir jetzt nicht genügend Nahrung für zwei Wochen in einem plötzlichen Schneesturm mit uns schleppen. Die Rucksäcke ziehen uns nach unten, die Sonne sengt. Wir verdammen die vier Salami auf unseren Rücken, hassen das Kilo Milchpulver, verfluchen

den Liter Kochspiritus. Wir wollen die Würste wegwerfen, das Pulver in den Wind streuen, den Spiritus auskippen. Aber das dürfen wir nicht. Wir sind auf dem steilen Weg in den Cradle Mountain-Lake St. Clair National Park im Nordwesten der Insel Tasmanien. „Alles, was Sie rein tragen, müssen Sie auch raus tragen", hatte die Rangerin am Eingang des Parks gesagt. Natürlich den Müll, Salami erst recht. Die wilden Tiere sollen sich nicht an die Abfälle der Menschen gewöhnen.

Tausende wandern diese Route jedes Jahr. Schon 1930 hat ein Trapper den Pfad für Naturliebhaber markiert, seither ist der Overland Track die berühmteste Wanderstrecke ganz Australiens. 80 Kilometer durch wildeste Wildnis; die meisten Wanderer schaffen das in sieben Tagen. Wenn wir so weitermachen wie bisher, brauchen wir doppelt so lange.

Die zwei Männer, mit denen wir gestartet sind, haben uns längst abgehängt. Sie gehen die Strecke schon zum zweiten Mal: vom Dove Lake im Norden über Berge und Hochmoore, durch Täler und Regenwälder hinauf zum Mount Ossa, dem höchsten Gipfel Tasmaniens; von dort wieder stetig hinab nach Süden bis zum Lake St. Clair. „Ein paar Soldaten sind die ganze Strecke kürzlich in acht Stunden gerannt", haben die Männer uns noch zugerufen, dann sind sie losgerast wie zwei Gemsen. Nun dämmert es schon, wir aber sind noch weit von der ersten Wanderhütte entfernt. Haben wir an der letzten Kreuzung überhaupt den richtigen Weg gewählt?

Dann gibt eine Kurve den Blick auf eine winzige Hütte frei. Nicht die Wanderhütte, die wir uns eigentlich als Tagesziel vorgenommen hatten, sondern einen uralten Schuppen, der heute nur noch als Notunterkunft genutzt werden darf. Wir rollen unsere Matten auf den Planken aus, kriechen in die Schlafsäcke wie waidwunde Kaninchen in ihren Bau. Wir sind zu geschafft, um zu essen. Der Sternenhimmel ist klar, die Nacht ohne Geräusche, bis unter dem Holzboden ein Tier zu rascheln beginnt.

Um sechs Uhr weckt uns eine schüchterne Sonne. Die Luft ist sauber und voll Verheißung, die Berge sind in Blau getunkt. Unsere 20 Kilogramm Gepäck fühlen sich schon viel leichter an, wir sind frisch und glücklich. Nach einer Stunde kommen uns die Männer entgegen, denen wir gestern begegnet sind: „Wir haben uns ein bisschen Sorgen gemacht, weil ihr nicht gekommen seid“, sagen sie. In der Wanderhütte sei über uns Verschollene gesprochen worden.

„Ach, ihr seid das“, sagt Stuart, dem wir mittags oben auf dem Barn Bluff begegnen. Er ist allein unterwegs. 20 Jahre hat er in Melbourne Aktien gemakelt, doch vor einem Jahr kündigte er und zog nach Tasmanien. Einen Job hat er hier noch nicht gefunden, dafür die Ruhe, die er in seinem früheren Leben so vermisste. Wir blicken hinab in die Ebene, bis weit hinein in den Nationalpark: Berge mit Spitzen wie Orgelpfeifen, sanft fließende Hügelketten, Seen, die in ihrer Talwanne schimmern.

Vor der Waterfall Valley Hut grasen in der späten Sonne kleine Kängurus, Wallabys genannt. Zwei Wombats, pummelige Beuteltiere mit graubraunem Fell, stapfen auf ihren zu kurzen Beinen vorbei. Aus der Hütte dringen leckere Düfte, Ranger Martin kocht sein Abendessen. Eigentlich ist er Elektriker, doch einige Wochen im Jahr hält Martin hier Wache. Auch er ist zu Fuß gekommen mit einem Rucksack voll Verpflegung. „Der wog 47 Kilogramm“, sagt Martin. Von den neuseeländischen Trockengerichten, die so leicht auf den Schultern liegen, will er nichts wissen. Dass Helga und Greg, ein reisendes Pärchen, in seiner Hütte ihren „Beef and Pasta Hotpot“ erhitzen, kann Martin gerade noch tolerieren – solange er von der schlabberigen Masse nicht kosten muss. Für sich selbst brät er lieber Zwiebeln an und legt ein Steak dazu.

Wir schenken Martin die Hälfte unserer Vorräte. Er streicht über unsere Salami wie über kostbare Schmuck- ›

Feucht und erdig riecht der Regenwald, er bietet ideale Bedingungen für palmenartiges Pandani, die höchste Heidepflanze der Welt

»Man geht tief in die Wildnis und kommt Menschen näher als zuvor. Wir wissen, dass Bill Tagebuch schreibt – und Frank schnarcht.«

In der Nähe des Mount Massif schwimmen Wolkenbilder in einem Teich. Die Du Cane Hut mit ihrer Feuerstelle im Inneren ist nach langen Marschstunden der Himmel auf Erden. Übernachten darf man hier allerdings nur in Notfällen

stücke. „Ich esse sie aber nicht selbst", versichert er uns dann. Er bewahrt sie für seinen Kollegen auf, der zwei Tagesmärsche von hier wohnt – in der Mitte des Nationalparks. Auch der muss seine Vorräte zu Fuß schleppen. So spart er sich wenigstens die erschöpfende erste Bergetappe. „Ich werde ihm funken. Das wird ihn aufmuntern", sagt Martin.

Von Helga und Greg erfahren wir, dass Stuart, unser Bekannter von Barn Bluff, schon eine Blase am Fuß hat. Solche kleinen Dinge haben hier draußen plötzlich größte Bedeutung. Jeder interessiert sich für jeden, jeder spricht mit jedem. Die Wanderer, die uns begegnen, bringen uns Geschichten und wir ihnen – jeder trägt alles weiter. Nachrichten verbreiten sich entlang der Strecke weit schneller, als wir laufen können.

Bald wissen wir, dass Gregs Urgroßmutter als Sträfling von England nach Australien geschickt wurde, weil sie ein Stück Tafelschmuck von ihren Herrschaften gestohlen hatte. Wir wissen, dass Helga und Greg sich frei genommen haben, um ein Jahr lang im Wohnmobil durch Australien zu reisen. Wir wissen auch, dass Frank und Bill als junge Männer zusammen beim Militär gewesen sind und Frank jetzt in der Stadtverwaltung von Canberra arbeitet, während Bill Major ist. Und wir wissen, dass Frank schnarcht und Bill abends bei Kerzenschein Tagebuch schreibt.

Es ist schon seltsam: Man geht tief in die Wildnis und kommt Menschen näher als je zuvor. Vor allem nachts. Da liegen wir auf den hölzernen Pritschen der Hütten dicht an dicht, 20 Männer und Frauen, und immer ist einer dabei, der schnarcht wie ein Braunbär. Am Morgen sind alle müde und missmutig; jeder verdächtigt den anderen. Doch am Abend werden in der nächsten Hütte schon wieder freundlich und ausgiebig die Ereignisse des Tages durchgekaut; wie auf einem mittelalterlichen Marktplatz.

Die Hüttenbücher, in die sich jeder zur Sicherheit eintragen soll, lesen wir fortan wie Romane: Ein Cheng kam gestern an, will heute Abend schon an der übernächsten Hütte sein – muss fit sein, der Junge! Ein französisches Pärchen hätte heute hier ankommen müssen, wie es bei der letzten Rast notierte, ist aber nicht da: Sollten wir uns Sorgen machen? Bald wissen wir genau, wer alles vor uns geht, wer hinter uns her.

Manchem Wanderer eilt ein so wilder Ruf vorweg, dass wir uns richtig auf ihn freuen. Wie auf den Mann aus Adelaide, der keinen Rucksack besitzt und sich deshalb seinen Rollkoffer auf den Rücken schnallte. Oder den jungen Israeli, der gerade aus der Armee entlassen worden ist und vor Kraft strotzt. Die Bergpost kündigt ihn an, und wir erkennen ihn sofort: Die Mähne klebt verschwitzt an seiner Stirn, wie ein eingesperrter Panther dreht er eine Runde durch unsere Hütte und beschließt, gleich weiter zu wandern. Ihn hat das Lauffieber gepackt – wie so viele. Das Lauffieber ist sehr ansteckend.

Auch Helga und Greg rennen uns bald davon. Dabei hingen sie nach ihrem ersten Tag noch ganz erschöpft auf den Bänken; doch schon am nächsten Morgen beginnen sie, doppelte Etappen zu gehen: acht, zehn Stunden am Tag. Fortan sehen wir nur noch ihre Unterschriften in den Hüttenbüchern. Später heißt es, Greg habe Proble- ›

Alles fließt und tropft in der tasmanischen Urlandschaft, alles scheint in Grün zu ertrinken

Im Land Liliput: Zwischen riesenhaften Baumfarnen unweit des Lake St. Clair sucht ein Wanderer Schutz unter einer Plane, um so Kraft für die letzten Kilometer zu sammeln

me mit dem Knie bekommen, eine alte Sportverletzung, und Helga habe die Höhenangst gepackt. Doch seltsam: Langsamer werden die beiden dadurch nicht.

Wir gehen normales Tempo, seit wir unsere Vorräte verschenkt haben, sehen den Papageien und schwarzfedrigen Currawongs zu, die über unsere Köpfe segeln. Aus dem Unterholz starren uns die Knopfaugen winziger Kängurus an, die uns nur bis zu den Knien reichen. Pademelons heißen sie. Wir riechen den süßen Duft der Sassafras-Büsche, die Würze der Sumpfzypressen. Keinen der Bäume, keinen dieser Sträucher haben wir je zuvor gesehen.

Manchmal ist der Pfad breit und warm, dann sonnen sich die schwarzen Tigerottern auf ihm, deren Biss tödlich ist. Wenn unsere Schritte den Boden erschüttern, gleiten sie ins Gebüsch. Dann wieder klettern wir über Felsen und umgefallene Bäume, stolpern über Baumwurzeln, sinken knöcheltief in den Matsch. Wo die Natur besonders empfindlich ist, wurden Knüppelwege angelegt, etwa über das Hochmoor von Pine Forest. Der braune, saure Boden hat kaum Nährstoffe, das stachelig aussehende *buttongrass* wächst trotzdem. Wie wilde Schöpfe recken sich die großen Grasbüschel aus dem weichen Moor. Ein feuchter Nebelschleier liegt über ihnen, die Luft ist gebirgskühl. Hier oben kann es sogar im Sommer schneien.

Wir sind froh, auf eine Gruppe Wanderer zu stoßen. In Regenjacken sitzen die Männer und Frauen auf Steinen und futtern Marschproviant, der junge Bergführer macht Scherze. Dies sind die Pauschaltouristen des Nationalparks. Ihnen wird die Verpflegung mit dem Hubschrauber gebracht, zu Privathütten, die sich entlang des Pfads im Busch verstecken. Dort gibt es heiße Duschen und Zimmer mit bezogenen Betten. So einen Luxus können wir uns kaum noch vorstellen. Wir baden in eis-

»Wir riechen den süßen Duft der Sassafras-Büsche, die Würze der Sumpfzypressen. Keinen der Bäume, keine dieser Sträucher haben wir je zuvor gesehen.«

Das Ziel aller Sehnsucht: Am Ende des Overland Track liegt der Lake St. Clair im Nebel. Wer hier ankommt, hat bestimmt schon viele Bennetts-Wallabys gesehen

kalten Bergseen und trinken aus Bächen. Wir schlagen nachts das Zelt auf, um dem Schnarchen in den Hütten zu entgehen. Durch die dünne Zeltplane dringt das niedliche Hopsgeräusch der Pademelons. Manchmal gelt der markerschütternde Schrei eines Tasmanischen Teufels durch die Finsternis, halb Pfeifen, halb Bellen. Unheimlich klingt das, dabei ist der Teufel nur ein kleines Pelztier, das übel riecht.

Ein paar Mal schlüpft ein freches Opossum in unser Zelt und macht sich an den Vorräten zu schaffen. Wir müssen mit den Wanderstäben nach ihm schlagen, bis es auf einen Baum flieht. Dort turnt es uns naseweis Kunststücke vor. Die Opossums sind ziemlich abgebrüht, seit vielen Generationen im Mundraub an Wanderern geübt. Der Overland Track ist immerhin so eine Art Wanderautobahn. Zwar begegnen wir beim Gehen stundenlang keinem Menschen, doch bleiben wir ein paar Minuten sitzen, kommt sicher jemand vorbei. Längst sagen wir nicht mehr *bye bye* sondern *see ya*.

In warmer Abendsonne erreichen wir die Lichtung, die sie Frog Flats, Froschniederungen, nennen. Zwischen silbrigen Stämmen steht ein einziges Zelt; davor sitzt ein weißbärtiger Mann, der ein Buch liest. Ihn haben wir noch nie gesehen. Bald zeigt sich, weshalb: David ist ein Einheimischer, er ist von einem Seitenpfad auf den Overland Track gestoßen. „Ich bin den ganzen Tag noch niemandem begegnet“, sagt er. Eine Nacht will er nun auf der Lichtung schlafen, am nächsten Tag dann den Mount Pelion West besteigen. Der Weg hinauf ist gesperrt worden, weil zu viele Wanderer auf dem Berg umgekommen sind. Wenn der Sturm dort über die Gesteinsfelder fegt, ist kein Halten. David will den zugewachsenen Pfad trotzdem suchen. Seit 20 Jahren wandert er hier, er hat keine Angst vor den Bergen.

Er hat auch keine Angst vor den Blutegeln, die sich am Boden der Frog Flats kringeln und sich gleich auf unsere Füße setzen. „Die saugen doch nur ein bisschen und fallen dann ab“, sagt er lächelnd. „Früher haben wir sie einfach mit der Zigarettenspitze versengt, roch dann wie verbranntes Fleisch.“ Das werde heute aber nicht mehr gern gesehen, sagt er. Selbst Blutegel gelten inzwischen als schutzbedürftig. Die Giftschlangen auch: „Aber die tun nichts“, versichert uns David. Da seien die Vögel viel schlimmer. Einmal habe er am Fuße des Barn Bluff seinen Rucksack abgelegt, um den Gipfel zu erklimmen. „Als ich zurückkam, hatten die Currawongs die Reißverschlüsse aufgezogen und alle meine Vorräte geraubt. Mir blieb nichts anderes übrig, als umzudrehen.“ David lacht. Am Morgen geht er los, bevor die Sonne aufgeht.

In der Mitte des Naturparks, auf der weiten Hochebene der Pelion Plains, steht in geschützter Senke ein schiefes Holzhäuschen. Um 1890 wurde es von Minenarbeitern gebaut, die glaubten, in der Wildnis Kupfer gewinnen zu können. 40 Meter tief trieben die Männer einen Schacht in den Berg, dann gaben sie auf. Ihre schäbige Unterkunft dient seither als Ausflugsziel. „Xmas 1932. Snowing like hell“, haben Skiwanderer mit Kohle an die Deckenbalken geschrieben: „Weihnachten 1932. Schneit höllisch.“ Heute wohnen Fledermäuse in der Old Pelion Hut, und jeden Abend finden ein paar ›

Exerzierplatz der Elementargewalten: Das Klima Tasmaniens bestimmen die »Roaring Forties«, stürmische Westwinde um den 40. südlichen Breitengrad. Auch im Hochsommer lassen sie das Wetter blitzschnell umschlagen, manchmal fällt sogar Schnee

Romantiker Unterschlupf, die lieber nicht in der topmodernen Wanderhütte übernachten wollen, die zehn Minuten den Pfad hinab liegt.

Am Abend macht dort eine Nachricht die Runde: Angeblich soll ein deutscher Tourist im Busch einen Tasmanischen Tiger fotografiert haben. Sogar im Radio sei die Meldung gelaufen. Der Tasmanische Tiger, auch als gestreifter Beutelwolf bezeichnet, gilt seit 1936 als ausgestorben. Damals starb das letzte Exemplar jämmerlich im Zoo der tasmanischen Hauptstadt Hobart. Und alle Versuche, ein 1866 in Alkohol eingelegtes Tigerkind zu klonen, sind bisher gescheitert. Doch hier oben in den Urwäldern fällt der Glaube an das Sagentier so leicht, dass immer neue Wanderer berichten, sie hätten den Tiger gesichtet.

Nachts friert es, am Morgen glitzert Reif auf den Zelten. Am Fuße des gewaltigen Mount Ossa klettern wir eine schmale Rinne entlang in die Höhe, steigen über riesiges Geröll, auf dem sich winzige, kupferfleckige Eidechsen sonnen. Das letzte, steile Stück. Der Gipfel ragt über uns. Dort oben werden wir Stuart, Bill und Frank wieder treffen und viele andere Bekannte. Wir werden uns auf die sonnenwarmen Felsen setzen und über das schöne Land schauen, das wir nie mehr verlassen wollen. Wir werden den süßen Geruch der Erde einatmen und einen Kloß im Hals spüren. Dann werden wir unsere Mobiltelefone anschalten, denn dort, auf 1617 Metern, haben wir endlich Empfang, und wir müssen dringend ein paar Angebereien nach Hause senden. ❙

Fotograf **Gerd Ludwig**, 58, ließ seine 100 Kilogramm schwere Ausrüstung per Hubschrauber zur Kia Ora Hut fliegen. Von dort erkundete er in Tagestouren die Wildnis – und fühlte sich in die Urzeit versetzt. Autorin **Nina Freydag**, 35, wanderte die gesamte Strecke. Sie hat bisher auf Norwegen geschworen – aber in Tasmanien erstmals eine Naturpracht gefunden, die der norwegischen Konkurrenz macht.

DER KAMPF UM DIE GIGANTEN

Tasmaniens Holzfäller schreddern 400 Jahre alte Bäume – und klagen gegen Umweltschützer

Tasmanien ist zur Hälfte mit Wald bedeckt, in einem einzigen Tal allerdings, nur 230 Quadratkilometer groß, spitzt sich seit Jahren ein Kampf zu: im Styx-Tal, gut eine Autostunde westlich der Hauptstadt Hobart. Gigantische Eukalyptusbäume wachsen dort in den Himmel, die bis zu 400 Jahre alt und fünf Meter im Durchmesser dick werden. Die fast 100 Meter hohen Riesen sind kaum noch in größeren Beständen zu finden, nach Meinung der Umweltschützer sind sie deshalb unbedingt zu erhalten.

Aber auch die Holzfäller haben ihre Argumente: Die Forstindustrie mache pro Jahr über eine Milliarde australische Dollar Gewinn, das seien 25 Prozent der industriellen Produktion der Insel. Die Bäume sicherten 10 000 Arbeitsplätze. Zudem stünden bereits 40 Prozent der Waldfläche, 13 000 Quadratkilometer, unter Schutz. Noch mehr dürfe das traditionellste Gewerbe der Insel nicht gefährdet werden.

Im Styx-Tal stehen sich beide Seiten kompromisslos gegenüber: Aktivisten der „Wilderness Society" übernachten in Baumwipfeln und stellen sich in Menschenketten vor die Planierraupen. Denn „aus 90 Prozent der Bäume werden Holzschnitzel", klagt Vica Bayley, Sprecher der Organisation. Die *big trees* würden nicht gerodet, um aus ihrem Holz edle Büromöbel oder Schränke zu tischlern – sie endeten als Verpackungen und Papiertüten. Auch den Verweis auf Arbeitsplätze lässt Bayley nicht gelten: „Das Zerschreddern der Stämme bringt nur 300 bis 400 Menschen Lohn." Die meisten Aktionen der Umweltschützer richten sich gegen die einflussreichste Firma Tasmaniens, das Unternehmen „Gunns". In den 1980er Jahren war Gunns noch eine kleine Sägerei, heute kontrolliert das Unternehmen 85 Prozent der Holzindustrie und ist einer der weltgrößten Exporteure von Holzschnitzeln. Verärgert über das Vorgehen der Umweltschützer, ging die Geschäftsführung im Dezember 2004 in die Offensive und verklagte 20 Protestierende auf 6,4 Millionen Dollar Schadensersatz: wegen Rufschädigung und Behinderung der Arbeit. Ärzte, Studenten und Hausfrauen sind betroffen, aber auch Bob Brown, der prominente Senator der australischen Partei „The Greens". Der Grünen-Politiker soll für sein Engagement 310 000 Dollar zahlen. Für ihn ist klar, dass die hohe Klagesumme nur das Ziel hat, Kritiker zum Schweigen zu bringen.

Mittlerweile haben die andauernden Proteste die Regierung in Zugzwang gebracht: Premierminister John Howard erklärte im Mai 2005, dass weitere 1480 Quadratkilometer tasmanischen Walds unter Naturschutz gestellt werden. Darunter auch ein Teil des Styx-Tals.

GEO REISE-SERVICE

AUSTRALIEN

DIE WICHTIGSTEN TIPPS UND ADRESSEN FÜR DIE REISE

Einladendes Perth: Die abgelegenste Metropole Australiens ist unter den Orten mit Lebensqualität ganz vorn 128

Einsame Weite: Auch auf einer Teerstraße sollte man im Outback nie rasen – man würde das Wesentliche verpassen 138

Einmalige Vielfalt: Am Ningaloo Reef finden Taucher Hunderte unterschiedlicher Spezies, darunter auch Anemonenfische 140

Eindrucksvolle Begegnungen: Bei Wanderungen im Busch sind Kängurus oft zahlreicher als Wegweiser 144

INHALT

ORIENTIERUNG 123

METROPOLEN 128

OUTBACK 138

STRÄNDE 140

BUSHWALKS 144

ALLES IM WUNDERLAND

Australien ist ein Kontinent für große Gefühle: Nirgendwo, lässt sich hier leicht glauben, hängt der Himmel höher, scheint das Licht intensiver, funkeln die Sterne kostbarer. Damit auch Ihre Reise zum Superlativ wird, hat GEO die besten Tipps zusammengestellt

Information

Tourism Australia, **Neue Mainzer Str. 22, 60311 Frankfurt/M., Tel. 069/95 09 61 73, www.australia.com** versendet auf Anfrage den kostenlosen „offiziellen Reiseführer für Australien", eine Einführung ins Reiseerlebnis Australien. Darüber hinaus bieten alle australischen Bundesstaaten eigene Websites, meist sogar mit deutschsprachigem Service: New South Wales (NSW): **www.sydneyaustralia.com**, Australian Capital Territory (ACT): **www.visitcanberra.com.au**, Victoria (VIC): **www.visitvictoria.com/de**, Tasmanien (TAS): **www.discovertasmania.com**, South Australia (SA): **www.southaustralia.de**, Western Australia (WA): **www.westernaustralia.com**, Northern Territory (NT): **www.travelnt.com**, Queensland (QLD): **www.queensland.de**.

Einreise

Ein dreimonatiges **elektronisches Visum** (ETA) bekommen Touristen unbürokratisch über das Reisebüro, den Veranstalter, die Fluglinie oder online unter **www.eta.immi.gov.au** (20 AUD). Voraussetzung ist der mindestens noch sechs Monate gültige Reisepass. Für längere Aufenthalte, Studenten- oder Arbeitsvisa muss ein Visumantrag bei der **Australischen Botschaft** gestellt werden. Deutsche und Schweizer wenden sich nach Berlin: **Tel. 030/880 08 80, www.australian-embassy.de**, Österreicher nach Wien: **Tel. 01/50 67 40, www.australian-embassy.at**. Bei Einreise direkt aus Europa sind keine Impfungen vorgeschrieben. Die Einfuhr von Tieren, Pflanzen und nahezu allen Lebensmitteln ist verboten.

Reisezeit

Der **Süden** des Kontinents lässt sich am besten im australischen Frühling und Sommer (Sept.–März) bereisen (siehe **Klimadiagramme** S. 150/151). Die Wintermonate (Juni–Aug.) sind regnerisch und kühl, in den Bergregionen von New South Wales, Victoria und Tasmanien fällt Schnee. Im heißen **Landesinneren** sind die Temperaturen von April bis August angenehm. Für Reisen in den tropischen **Norden** ist die Trockenzeit von April bis Oktober zu empfehlen. Aber auch die erblühende Vegetation der Regenzeit kann reizvoll sein, wo Straßen noch den Zugang erlauben.

Reiseplanung & Veranstalter

Die Weihnachtsferien gelten als Hauptreisezeit der Australier; Flüge, Züge, Mietwagen und Unterkünfte sind entsprechend schnell ausgebucht. Frühzeitig reservieren, mindestens ein halbes Jahr im voraus. Dies gilt auch für die Schulferien im April. Die Spezialveranstalter halten besonders für Individualisten ein großes Angebot bereit, dessen einzelne Bestandteile sich gut kombinieren lassen: von der Anreise über Mietwagen und Wohnmobile, Hotelgutscheine, Bus- und Bahnpässe bis zu vorgebuchten Rundreisen. Eine umfangreiche Veranstalterliste findet sich im „Reiseführer" von Tourism Australia (siehe oben). In der Datenbank von **www.australien-info.de** kann man gezielt unter rund 80 Anbietern suchen. Eine Auswahl: **Best of Travel Group**, Zusammenschluss von 15 eigenständigen Büros in Deutschland, Österreich, der Schweiz, Belgien und den Niederlanden; Geschäftsstelle: **Geldern, Tel. 02831/13 32 09, www.botg.de**;

Uralte Kultur: Auf dem Zaun einer Rinderfarm warten junge Aborigines, für eine Zeremonie bemalt

Boomerang Reisen, elf Filialen in Deutschland, der Schweiz und den Niederlanden; Zentrale: **Trier, Tel. 0651/96 68 00, www.boomerangreisen.de**; **hm touristik**, offizieller Partner von Rail Australia, **Grafrath, Tel. 08144/7700, www.hm-touristik.com**; **SK Touristik**, **Senden-Bösensell, Tel. 02536/34 59 10, www.sktouristik.de**; **TourConsult**, **Rosenheim, Tel. 08031/908 22 33, www.tourconsult.com**; **Eurovacances**, Sprach- und Naturschutzprogramme in Australien, **Hamburg, Tel. 040/447 07 00, www.eurovacances.de**.

Flüge

Die schnellste Verbindung von Deutschland nach Australien ist die Asienroute mit 19–21 Flugstunden. Zwischenstopps lassen sich für einen Kurzaufenthalt in verschiedenen Metropolen nutzen (siehe „Stopover", Seite 124). In Kombination mit dem Ticket für die Langstrecke bieten internationale Airlines vielfach ermäßigte inneraustralische Flüge, z. B. den Supersaver- oder Boomerang-Tarif (Qantas).

Busfahrten

Australien hat ein gut ausgebautes Netz von Überlandbussen. Die nationale Busgesellschaft **Greyhound Australia** (**www.greyhound.com.au**) bietet verschiedene „Aussie Passes"

STOPOVER – BEINE AUSSTRECKEN INKLUSIVE

Ein Flug nach Australien dauert je nach Verbindung mindestens 19 Flugstunden. Selbst in den komfortabelsten Economy-Sitzen – die größte Beinfreiheit gewähren asiatische und arabische Airlines – eine Tortur. Wer etwas Zeit mitbringt, sollte deshalb einen Zwischenstopp in einer der Metropolen entlang des Flugwegs einplanen, etwa in Singapur, Bangkok oder Dubai.

SINGAPUR

Der Stadtstaat ist eine westlich-moderne Metropole, gepflegt und überschaubar, mit hocheffizientem Verkehrsnetz. Doch das „alte" Asien mit seinen Gerüchen und Geräuschen lebt in Little India, dem Arab Quarter und Chinatown fort, nur Minuten entfernt vom Geschäfts- und Bankenviertel um **Raffles Quay** und dem Kaufhaus- und Ausgeh-Mekka der **Orchard Road**. Bangkok, Hongkong und Dubai haben dem vormaligen Einkaufsparadies Singapur längst den Rang abgelaufen. Preiswerte kleine Mitbringsel finden sich hier aber noch immer, ebenso das ein oder andere Schnäppchen während des großen Ausverkaufs **Singapore Sale** im Juli.

STOPOVER-ANGEBOT: Singapore Airlines (Reservierung Tel. 069/719 52 00, www.singaporeair.de) offeriert Pakete in vier Preiskategorien. Schon in der billigsten Kategorie A (22,50 € pro Pers. im DZ) kann man zwischen ordentlichen Vier-Sterne-Hotels auswählen, mit der teuersten Kategorie D (61 € pro Pers. im DZ) nächtigt man einmal in Luxushotels wie Shangri-La oder Ritz-Carlton-Millenia. Weitere Übernachtungen sind ein paar Euro teurer. Bei allen Paketen inbegriffen: Transfers, Sightseeing-Bus, Zutritt zu vielen Sehenswürdigkeiten, Preisnachlässe für Bootsfahrt auf dem Singapore River, in Restaurants und Geschäften.

Traders Hotel, 1 A Cuscaden Rd., www.shangri-la.com/en, Kategorie B: erste Nacht DZ 61 €. Gutes Hotel mit einem attraktiv gestalteten Pool. Direkt daneben ein Einkaufszentrum. Der Botanische Garten und das nördliche Ende der Orchard Road sind etwa fünf Fußminuten entfernt.

Swissôtel The Stamford, 2 Stamford Rd., www.singapore-stamford.swissotel.com, Kategorie C: erste Nacht DZ 80 €. Das Fünf-Sterne-Hotel bietet geräumige Zimmer, die meisten mit Panoramablick über City und Hafen, mehrere Bars und Restaurants. Das Hotel liegt absolut zentral; der MTR-Bahnhof (S-Bahn) ist direkt unter dem Haus.

BANGKOK

Tradition und Moderne, Religiosität und Kommerz prallen in der Acht-Millionen-Stadt aufeinander. Ein Eintauchen in diesen Hexenkessel ist trotz chaotischen Verkehrs und stickiger Luft ein aufregendes Erlebnis. Die Hochbahn und eine nagelneue U-Bahn erleichtern die Stadterkundung. Gesehen haben sollte man das historische Zentrum mit bemerkenswerten Beispielen thailändischer Architektur: **Wat Phra Kaeo**, der **Königspalast** mit dem Tempel des Smaragd-Buddhas und das **Nationalmuseum** mit seiner Sammlung thailändischer Kunst. Schnäppchenjäger steuern am besten nach **Chinatown** und zum indisch geprägten **Phahurat Market** in der Nähe. Auch zu empfehlen: Bootsfahrten auf dem **Chao Phraya River**, Bangkoks Hauptschlagader, oder durch die **Khlongs** (Kanäle) von Thonburi zu einem der Schwimmenden Märkte.

STOPOVER-ANGEBOT: Thai (Reservierung Tel. 069/92 87 44 44, www.thai-airways.de) hat mit den „Royal Orchid Holidays" (www.royalorchid.de) ein besonders preiswertes und flexibles Programm, etwa „Bangkok Minibreak" für 3 Tage/2 Nächte inkl. Flughafentransfers, Übernachtung mit Frühstück und einer halbtägigen Tour ab 50 € pro Pers. im Doppelzimmer. Man kann zwischen vielen Häusern auswählen, unter ihnen Hotellegenden wie das „Oriental".

Windsor Suites, 8–10 Sukhumvit Soi 20 Sukhumvit Rd., www.windsorsuiteshotel.com, Paketpreis für 2 Nächte: DZ ab 142 €. Komfortables Vier-Sterne-Hotel mit großen Suiten und einem Pool in einem beliebten Einkaufs- und Amüsierviertel, nur einige Schritte von der BTS-Bahn entfernt.

The Sukhothai, 13/3 South Sathorn Road, www.sukhothai.com, Paketpreis für 2 Nächte: DZ ab 306 €. Im klassischen Thai-Stil, kombiniert mit moderner Architektur, von Teichen umgeben – für viele Bangkok-Kenner ist das Sukhothai das schönste Hotel der Stadt.

DUBAI

Das Emirat ist auf dem besten Weg, das Singapur des Nahen Ostens zu werden, die Transformation verläuft in einem ähnlich atemraubenden Tempo. Ein Bummel durch die **Souks**, die Märkte von Bur Dubai und Deira gehört ebenso zum Dubai-Erlebnis wie eine Fahrt mit einem **Abra** (Wassertaxi) auf dem **Dubai Creek** – ein breiter Meeresarm, der die beiden Stadtteile voneinander trennt. Sehenswert sind die Ausstellungen des **Dubai Museums** im alten Al Fahidi-Fort und im **Herrscherpalast**. Wer ein wenig mehr Zeit hat, sollte einen Ausflug mit Geländewagen in die Wüste oder in die Berge zu den **Hatta Pools** (Badestellen zwischen Felsen) machen.

STOPOVER-ANGEBOT: Emirates (Reservierung Tel. 01805/42 56 52, www.emirates.de) bietet Pakete mit bis zu vier Übernachtungen in Drei- bis Fünf-Sterne-Hotels inkl. Flughafentransfer mit privatem Chauffeur, Preisnachlässe auf viele Touren und in zahlreichen Geschäften.

Marco Polo Hotel, Deira Dubai, www.marcopolohotel.net, Paketpreis für 2 Nächte: DZ ca. 225 €. Großes Vier-Sterne-Hotel mitten im Stadtteil Deira mit Pool, sechs Restaurants und Nightclub.

Grand Hyatt Dubai, südl. von Bur Dubai, www.dubai.grand.hyatt.com, Paketpreis für 2 Nächte: DZ ca. 420 €. Luxushotel am Dubai Creek, eine architektonisch interessante Resortanlage mit lagunenartigen Pools, Palmen und Wasserfällen. 15 Restaurants und Bars bedienen jede kulinarische Vorliebe.

an, mit denen stark ermäßigte Rundreisen möglich sind. Online oder über Reisebüros buchen.

Zugfahrten

Seit Februar 2004 durchquert der **Ghan** (siehe Seite 60) den Kontinent von Süden nach Norden und umgekehrt, laut Fahrplan in rund 48 Stunden. Der „legendäre Zug" beginnt seine 2979 Kilometer lange Reise einmal pro Woche von Adelaide und Darwin. In der Hauptsaison von Mai bis Juli verkehrt er in jeder Richtung zweimal. Im Schlafabteil der „Gold Kangaroo"-Klasse (mit Dusche/WC) kostet die Fahrt 1830 AUD inkl. Verpflegung; in „Red Kangaroo" zahlt man 1390 AUD (Doppelkabine) bzw. 440 AUD (Sitzwagen), Studenten nur 220 AUD – und sollte sich ausreichend Proviant einpacken. Früh buchen! Über Reiseveranstalter oder online auf der Website von Great Southern Railway (**www.gsr.com.au**). Die Eisenbahngesellschaft betreibt auch die Züge **Indian Pacific** von Sydney über Adelaide nach Perth und **The Overland** zwischen Melbourne und Adelaide. Weitere Bahnstrecken führen entlang des Pazifiks und in das Outback von Queensland, Schnellzüge verbinden Melbourne mit Brisbane und Sydney mit Canberra. Informationen über alle Verbindungen und Eisenbahnpässe unter **www.rail australia.com.au**.

Fähre

Eine Alternative zum Inlandsflug nach Tasmanien ist die Überfahrt mit der großen Schnellfähre **Spirit of Tasmania** (**www.spiritoftasmania.com.au**): täglich ab Melbourne um 21 Uhr,

Traumpfade: Seit 2004 führen die lange ersehnten Schienen bis nach Darwin

Smooth as Silk mit
Thai Airways nach Australien
THAI
A STAR ALLIANCE MEMBER

BÜCHER

REISEFÜHRER: Roland Dusik: Australien, DuMont Richtig Reisen, 7. aktual. Aufl. 2004, 22,50 €. Lesenswerte Texte und viele Farbfotos, Routenvorschläge und Tipps wecken die Reiselust. Vom selben Autor: **Der Osten & Tasmanien** (2. aktual. Aufl. 2005).

Anne Dehne: Australien, Stefan Loose Travel Handbücher, 6. Aufl. 2004, 23,95 €. Vor allem für Backpacker geeignet: dichte Informationen, viele Karten, sparsam bebildert.

Peter Schwertner: Queensland, Reise Know-How, 2005, 17,50 €. Praktische Reisetipps mit Schwarz-Weiß-Fotos und farbigem Kartenatlas.

Andreas Stieglitz: Tasmanien, Books on Demand, Norderstedt, 2004, 19,80 €. Individueller Reiseführer mit Routenplanung für Autotouren und Wanderungen.

Susie Ashworth et al.: Western Australia, Lonely Planet, 4. Aufl. 2004, 21,50 €. Verlässliche Informationen für die Erkundung des größten australischen Bundesstaates. Aktuell aus demselben Verlag: **New South Wales** (4. Aufl. 2004), **Adelaide & South Australia** (3. Aufl. 2005).

Dr. Lutz Fehling: Australien Natur-Reiseführer, Ilona Hupe Verlag, 2003, 19,90 €. 525 Tier- und Pflanzenarten sind auch für Laien verständlich beschrieben. Naturgetreue Zeichnungen und dreisprachiges Register.

Mark Thornley: Surfing Australia, A Guide to the World's Top Surfing Destination, Periplus Action Guides, 2004, 24,90 €. Führer zu den wichtigsten Surf-Spots des Kontinents mit Hintergrundinformationen und Adressen, detailliert.

Peter-Matthias Gaede (Hrsg.): GEO-Bildband Australien – Die schönsten Bilder, GEO im Verlag Gruner+Jahr, 1. Aufl. 2004, 19,90 €. Eine Sammlung der beeindruckendsten Bilder aus Down Under, die in GEO und GEOSpecial erschienen sind. Zum Schwärmen, auch ohne Flugticket.

REISELEKTÜRE: Bill Bryson: Frühstück mit Kängurus Goldmann, 9. Aufl. 2002, 9,90 €. Ein etwas anderer Reisebericht aus Sicht eines amerikanischen Erfolgsautors.

Peter Carey: Die wahre Geschichte von Ned Kelly und seiner Gang, Fischer, 2004, 9,90 €. Ein Porträt des australischen Volkshelden – und der Volksseele.

Nicholas Shakespeare: In Tasmanien, Marebuchverlag, 2005, 24,90 €. Der englische Schriftsteller erkundet Tasmaniens Geschichte und Natur. Literarische Reisereportage.

Tim Winton: Der singende Baum, Luchterhand Literaturverlag, 2004, 24 €. Lesenswerte Geschichte über das Leben zweier Außenseiter an der Westküste Australiens.

WEBSITES

www.australien-info.de Umfassender deutschsprachiger Informationsdienst für Reisen nach und in Australien: von Routenbeschreibungen bis Unterkunfts-Datenbank, von Rezensionen australischer Bücher und Filme bis Reisepartner-Pinnwand

www.citysearch.com.au Online-Reiseführer zu den wichtigsten Städten und Regionen des Landes

www.atn.com.au Großes australisches Reiseportal für Mietwagen, Tour-Veranstalter, Unterkünfte aller Art

www.bestrestaurants.com.au Ansprechend gestalteter Online-Restaurantführer für ganz Australien mit Fotos, Beschreibungen, Auszügen aus Speise- und Weinkarten

Glühende Heiligkeit: Uluru wirkt nicht nur auf Aborigines magisch

Ankunft in Devonport am nächsten Morgen um 7 Uhr. Länger und teurer ist die Strecke ab Sydney.

Mietwagen

Wer sein Fahrzeug bereits von zu Hause bucht, spart wertvolle Urlaubszeit, ist sicher vor Kursschwankungen und hat bei Problemen das deutsche Vertragsrecht auf seiner Seite. Zudem ist die Buchung vor Ort nicht unbedingt preiswerter. Veranstalter und Fluggesellschaften haben vielfach attraktive Fly-and-Drive-Angebote.
Zur Anmietung ist der internationale Führerschein zusammen mit dem nationalen erforderlich. Mindestalter: 21 Jahre.

Verkehrsregeln

In Australien wird **links gefahren** und rechts überholt. Trotzdem gilt an Kreuzungen und im Kreisverkehr rechts vor links, wenn nicht anders ausgeschildert. Die **Tempolimits** variieren je nach Bundesstaat, Richtwert ist 50 km/h innerorts und 100 km/h auf überregionalen Straßen. Die **Promillegrenze** liegt bei 0,5, und es besteht **Anschnallpflicht**.

Unterkunft

Pubs, in Australien „Hotel" genannt, betreiben traditionell im Erdgeschoss Bar und Restaurant und vermieten in den oberen Etagen (einfache) Zimmer. In kleineren Städten sind sie meist Treffpunkt der Einheimischen, in Großstädten oft stilgetreu renoviert (DZ ca. 40–120 AUD).
Motels liegen meist dicht nebeneinander an den Einfallsstraßen der Städte und – spärlicher gesät – an den Hauptverkehrsstraßen im Outback (DZ ca. 40–120 AUD).
Bed & Breakfast-Pensionen finden sich sowohl in den Städten als auch in ländlicher Umgebung und sind oft in historischen Gebäuden untergebracht (75–200 AUD). Verzeichnisse im Internet unter **www.australianbedandbreakfast.com.au**, **www.bbbook.com.au** und **www.babs.com.au**. **Farmstay**, „Urlaub auf dem Bauernhof", lässt sich unter **www.australiafarmhost.com** reservieren.
Backpacker Hostels und **Jugendherbergen** bieten Mehrbettzimmer (15–20 AUD) und Doppelzimmer (ab 25–35 AUD) an, Online-Reservierung z. B. unter **www.globalgossip.com.au**, **www.nomadsworld.com**, **www.yha.com.au** und **www.basebackpackers.com**.
Caravan Parks mit motelartig ausgestatteten Cabins (DZ ca. 40–200 AUD), Wohnmobil- und Campingplätze (ca. 15–20 AUD) sind unter **www.big4.com.au** zu finden.
Unterkünfte aller Art – vom internationalen Kettenhotel bis zum Hausboot – verzeichnen die **Online-Reservierungssysteme** **www.accommodationguide.com.au**, **www.wheretostay.com.au** und **www.australia-hotels.net**.

Geld & Reisekasse

Gängiges Zahlungsmittel für Unterkünfte, Verkehrsmittel, Einkäufe etc. ist die **Kreditkarte**, unerlässlich bei Anmietung eines Fahrzeugs. Mit der **Maestro-Karte** lässt sich an Geldautomaten (ATM) Bargeld abheben. **Wechselkurs** für den australischen Dollar (AUD) im Juli 2005: 0,62 € für 1 AUD.

Gut zu wissen

TELEFON: Preiswert sind Ferngespräche aus dem australischen Festnetz mit **Prepaid** oder **Calling Cards**, in Kiosken und Tankstellen, Postämtern und Geschäften der Telefongesellschaft erhältlich. Dort gibt es auch **Phone Cards** für Telefonzellen. Das **Mobilfunknetz** ist rund um die Großstädte recht gut ausgebaut, außerhalb und im Outback gibt es in der Regel keinen Empfang. **Internationale Vorwahl** für Australien: **0061**, dann die Ortsvorwahl ohne die „0" und die meist 8-stellige Rufnummer.
STECKDOSEN: Mitgebrachte Elektrogeräte funktionieren nur mit Adapter, denn die australischen Steckdosen sind dreipolig.
ZEITVERSCHIEBUNG: Es gibt drei Zeitzonen: **Eastern Standard Time** (MEZ + 9) gilt in NSW, VIC, QLD und TAS; **Central Standard Time** (MEZ + 8,5) in SA und NT; **Western Standard Time** (MEZ + 7) in WA. Während der Sommerzeit von Ende Okt. bzw. Nov.–März werden in allen Staaten außer in QLD, NT und WA die Uhren 1 Std. vorgestellt.

WAS KOSTET WAS?

1 Milchkaffee	3,50 AUD
1 kleines Bier	2,50 AUD
1 Steak mit Shrimps im Pub	16,50 AUD
1 Schachtel Zigaretten	11 AUD
Doppelzimmer in Sydney	130 AUD
Mietauto in Adelaide	ab 22 AUD/Tag
Geländewagen	ab 150 AUD/Tag
1 l Benzin bleifrei	1,17 AUD

UNSCHULD
Reines Gewissen – jetzt im Handel.
Lange als Ausdruck von Spießertum verlacht, erlebt Moral heute eine Renaissance. GEO WISSEN untersucht den Nutzen moralischen Verhaltens, zeigt, an welchen ethischen Maßstäben man sich orientieren kann, und erklärt, warum Moral zur modernen Lebensart gehört.
Kolle Rebbe
GEO WISSEN
DIE WELT VERSTEHEN
www.geo.de
GEO WISSEN Nr. 35 Sünde und Moral
SÜNDE
MORAL
Wie weit dürfen wir gehen?
TEST
Sind Sie ein guter Mensch?
UMFRAGE
Was Prominente obszön finden
SEXUALITÄT
Die neue Gelassenheit
ERZIEHUNG
Wie die Moral ins Kind kommt
PFLEGEHEIME
Der Verrat an unseren Eltern
RACHE
Eine unheimliche Emotion
www.geo.de
Die Welt verstehen mit GEO

Wie ein Versprechen funkeln Sydney und sein Opernhaus bei Nacht

HOCHGEFÜHL FÜR URBANISTEN

Kein Wunder, dass die Australier ihre Städte lieben. Wo sonst liegen Alltag und Abenteuer so eng beieinander? Vom Büro kann man hier mit dem Bus zum Surfen an den Strand fahren – oder ins Aquarium zum Haie-Gucken

SYDNEY

Der Wind bläht die Segel blitzweißer Jollen, ein Kreuzfahrtschiff navigiert an der Oper vorbei zur Harbour Bridge. Schon 1788 hatte Gouverneur Arthur Phillip Sydney Harbour als „schönsten Hafen der Welt" bezeichnet, kaum ein Tourist, der ihm bei einer Bootsfahrt durch die von Landzungen gesäumte Bucht nicht zustimmen möchte. Wer Wasser mag und gutes Essen, entspannte Lebensart und 227 Sonnentage im Jahr, wird die Vier-Millionen-Stadt am Pazifik lieben – und es schwer haben, sie wieder zu verlassen.

Übernachten

W Sydney
6 Cowper Wharf Rd., Woolloomooloo, Tel. 02-9331 9000, Fax 9331 9031, www.whotels.com/sydney, DZ ab 300 AUD, Sondertarife an Wochenenden
Designhotel in stilvoll restaurierter Werftanlage: mit Bar, Spa und diversen edlen Restaurants im gleichen Komplex. „Marina"-Zimmer haben Blick auf Wasser, Botanischen Garten und Skyline.

Dive Hotel
234 Arden St., Coogee, Tel. 02-9665 5538, Fax 9665 4347, www.divehotel.com.au, DZ mit Frühstück ab 165 AUD
Das Quartier an der Uferstraße im Strandvorort Coogee (40 Min. per Bus zur City) hat nur 14 Zimmer. Dank hoher Decken, Holzfußböden und eigener Küchenzeile fühlt man sich eher wie im Strandhaus von Freunden als in einem Hotel. Zimmer Nr. 1 und 2 haben Meerblick und kosten mehr (250 AUD).

Pensione Hotel
631–635 George St., City, Tel. 02-9265 8888, Fax 9211 9825, www.pensione.com.au, DZ ab 115 AUD
In zwei Gebäuden aus dem 19. Jahrhundert sind minimalistisch kleine Zimmer untergebracht. Perfekte Lage für Stadterkundungen. Abgesehen von Mark-Rothko-Drucken an allen Wänden, ist das Pensione im Dekor so sparsam wie im Preis. Die beste Option jenseits der Hostel-Klasse.

Sehenswert

AQUARIUM: Die neuen Barrier-Reef-Becken sind besonders faszinierend. Fütterung täglich um 15 Uhr im Wechsel bei Krokodilen, Pinguinen oder Robben: **Aquarium Pier, Darling Harbour, www.sydneyaquarium.com.au, tgl. 9–22 Uhr, 23,40 AUD.**

HARBOUR BRIDGE: Wer keine Höhenangst hat und in dreieinhalb Stunden 155 Dollar (Wochenende 185 AUD) ausgeben mag, schreitet als **Bridge Climber**, mit Karabinerhaken am Eisenwerk gesichert, über den Bogen der Brücke; Reservierung: **5 Cumberland Street, The Rocks, Tel. 02-8274 7777, www.bridgeclimb.com.** Fast ebenso schön ist der preiswertere Blick vom **Pylon Lookout** (8,50 AUD) auf dem südöstlichen Brückenpfeiler. In dem Pfeiler ist auch eine Ausstellung über den Bau des Wahrzeichens untergebracht; Aufgang: **Bridge Stairs, Cumberland St., Tel. 02-9240 1100, www.pylonlookout.com.au.** Gratis lässt sich die Brücke beim Spaziergang über das mächtige Bauwerk erleben.

ROYAL BOTANIC GARDENS: An der **Farm Cove (Mrs. Macquaries Rd., www.rbgsyd.gov.au)** wurde einst der erste Gemüsegarten Australiens kultiviert. Heute ist die 30 Hektar große Anlage eine grüne Ausruh-Zone für Büroangestellte aus der nahen City. Nicht versäumen: den Palmengarten nebst Flughundkolonie. Gratisführungen täglich um 10.30 Uhr an der Visitor Information.

SYDNEY FISH MARKET: Ein Muss für Fans von Hummer, Krebs und Riesenbarramundi. Jeden Morgen ab 7 Uhr an der Blackwattle Bay (**Pyrmont Bridge Rd., Ecke Bank St., Pyrmont**). Zuschauen macht Spaß; selbst frische Garnelen pickni-

Teurer Nervenkitzel: Touristen auf der Harbour Bridge

cken ist noch besser. Vorsicht: Pelikane, Ibisse und Möwen haben keine Berührungsängste beim Streit um die Reste. Donnerstags um 6.55 Uhr startet vor Doyle's Seafood Café eine „Tour hinter die Kulissen" (20 AUD).
KÜSTENSPAZIERGANG: Am Südende von **Bondi** (Notts Avenue) beginnt ein malerischer Weg, der drei Kilometer über die Felsen via **Tamarama** (Badeoption) zum Strand von **Bronte** führt, wo man sich in Cafés, Restaurants oder Saftbars für den Rückweg stärken kann. Ideale Anti-Jetlag-Kur für den Ankunftstag.

Gänsehaut garantiert: ein Hai im Sydney Aquarium

Essen

Flying Fish
Jones Bay Wharf, 19–21 Pirrama Rd., Pyrmont, Tel. 02-9518 6677, www.flyingfish.com.au, Mo geschlossen
In dem Lokal werden Hummer, Muscheln oder Snapper als kulinarische Kunstwerke serviert, das Ambiente prägen dunkles Holz, dezentes Licht und ein privater Bar-Bereich. Der Blick auf den Hafen rechtfertigt die gehobenen Preise.

Moorish
118–120 Ramsgate Ave., Bondi Beach, Tel. 02-9300 9511, www.moorishrestaurant.com.au
Eines der raren Restaurants unmittelbar an Australiens berühmtester Bucht. Fleisch- und Fischgerichte sind mediterran ausgerichtet und dank ungewöhnlicher Kräuter und Gewürze nie langweilig. Das Lokal wirkt mittags ein wenig wie die Kantine einer Computerfirma, abends dank Kerzenlicht behaglicher. Tipp: an lauen Abenden früh kommen und einen Platz auf der langen Terrasse ergattern.

Fish Face
132 Darlinghurst Rd., Darlinghurst, Tel. 02-9332 4803, So geschlossen
Winziges Bistro, vier Tische draußen. Stammgäste schwören auf den Fisch im Bierteig mit hausgemachten Chips, die anderen Gerichte aus der kleinen Fischkarte sind feiner, aber ebenfalls nicht teuer. Guter Start für eine lange Nacht im Vergnügungsviertel Kings Cross.

Longrain
85 Commonwealth St., Surry Hills, Tel. 02-9280 2888, www.longrain.com.au, tgl. außer So
Der lange Gemeinschaftstisch ist zu breit für intime Geständnisse, aber es ist ohnehin sinnvoll, sich ganz auf die asiatischen Spezialitäten zu konzentrieren. Vorzüglich sind die Thai-Currys und die ungewöhnlichen Salate. Abends sind keine Reservierungen möglich. Es lohnt, im Bar-Bereich auf einen Tisch zu warten.

The Tilbury
12–18 Nicholson St., Ecke Forbes St., Woolloomooloo, Tel. 02-9368 1955, www.tilburyhotel.com.au
Sydneysider lieben die neue In-Adresse und bevölkern das Tilbury in Scharen. Das Restaurant ist ruhiger als Bar und Lounge. Wer die Nougat-Zabaglione als Dessert verpasst, ist selbst schuld. The Tilbury ist eine der ersten komplett nikotinfreien Kneipen in Sydney.

Ausflüge

ROYAL NATIONAL PARK: Eukalyptuswälder, stille Badebuchten und weite Ausblicke lassen Besucher des Royal National Park vergessen, wie nah sie der Vier-Millionen-Stadt sind (**Visitor Centre: Farnell Ave., Audley, Tel. 02-9542 0648, www.nationalparks.nsw.gov.au;** Anfahrt: per Auto über Princes Highway; per CityRail ab Central Station bis Waterfall). Der zweitälteste Nationalpark der Welt ist nur eine knappe Stunde per S-Bahn von Sydney entfernt und durchzogen von einsamen Wanderwegen. Zu den abwechslungsreichsten gehört der **Palm Jungle Loop Track** (10 km) durch Wald, Palmendickicht, vorbei an Wiesen, Meer und Hochland. Besucher ohne Auto erreichen die schwierige Fünf-Stunden-Route von der Bahnstation Otford. Kürzere Wege führen von **Bundeena** an der Küste entlang, nach **Marley Beach** oder um die Lagune von **Wattamolla**. Unbedingt mitbringen: Verpflegung, Wasser, Erste-Hilfe-Set und feste Schuhe. Wanderkarten gibt es im Besucherzentrum des Parks (nur per Auto erreichbar) oder vorab im Sydney Visitor Centre in The Rocks (siehe oben).
BLUE MOUNTAINS: Bizarre Felsformationen wie die **Drei Schwestern** oder die Tropf-

INFO SYDNEY
Sydney Visitor Centre The Rocks, 106 George Street, The Rocks, Tel. 02-9240 8788, www.sydneyvisitorcentre.com, tgl. 9.30–17.30 Uhr

WEBSITES
www.seesydney.com.au, www.cityofsydney.nsw.gov.au

UNTERWEGS
Das günstigste Sightseeing-Ticket durch Sydney heißt **Day Tripper**, kostet 15 AUD (Kinder 7,50 AUD) und gilt 24 Stunden auf Fähren, in Bussen und Bahnen. Ausnahmen sind Explorer-Busse, JetCat (Katamaran) und Airport-Express. Erhältlich in allen Bussen und Fähren oder im Ferry Ticket Office am Circular Quay (Info: **Sydney Transport**, www.131500.com.au). Die beiden **Explorer**-Busse kosten je 36 AUD pro Tag, touren im 18- bzw. 30-Minuten-Takt durch die Stadt (rot) oder die Strandvororte (blau) und sind Besuchern zu empfehlen, die wenig Zeit haben.

steinhöhlen in den **Jenolan Caves** machen die Blue Mountains zu einer Region, deren Vielseitigkeit sich kaum an einem Tag erkunden lässt. Zumal die landschaftlich schönsten Täler am besten zu Fuß erreichbar sind. Wer in den „blauen" Bergen, die ihren Namen dem Eukalyptus-Dunst verdanken, mehrere Tage verbringen will, findet jede Art von Quartier: von einer der besten Jugendherbergen Australiens (YHA Katoomba) bis zur Fünf-Sterne-Lodge (Verzeichnisse unter **www.bluemountainstourism.org.au** und **www.bluemts.com.au**). Gute, geführte Touren in kleinen Gruppen veranstaltet z. B. **Mount'n Beach Safaris** (Tel. **02-9439 3010, www.mountainbeachsafaris.com.au**). Wer auf eigene Faust reisen will, fährt per Auto oder Bahn („Blue Mountains Line" ab Central Station) bis Leura oder Katoomba und versorgt sich in den Visitor Centres mit Wanderkarten und Informationen.

PALM BEACH: Offiziell ist Palm Beach (40 km vom Opernhaus entfernt) Sydneys nördlichster Stadtteil, in Wirklichkeit aber ist dieser reiche Vorort eine Welt für sich. Er liegt auf einer schmalen Halbinsel zwischen dem ruhigen **Pittwater**-Meeresarm und dem Ozean (Anfahrt per Bus: Linie L90 und 190 ab Central bzw. Wynyard Station). Hübsch sind die dezent auf den Hügeln verteilten Villen, aufregender allerdings ist ihre Umgebung: Der steile Aufstieg zum Leuchtturm am **Barrenjoey Head** an der Spitze der Halbinsel lohnt wegen des grandiosen Rundblicks. Zurück im Ort bringt eine Fähre (Abfahrt zur vollen Stunde) Ausflügler über den Pittwater in die stillen Buchten The Basin und Great Mackerel Beach im **Ku-ring-gai Chase National Park**. Der Park ist reich an Felszeichnungen der Aborigines.

Verkehrte Welt: In den Snowy Mountains dauert die Skisaison von Juni bis September

CANBERRA

Kaum zu glauben: Canberra hat 323 004 Einwohner – aber ist eine Kleinstadt im Grünen geblieben. Australiens weitläufige Hauptstadt wurde Anfang des 20. Jahrhunderts am Reißbrett entworfen, viele der öffentlichen Gebäude entstanden erst in den 1960er Jahren und danach. Canberra hat den Ruf einer blutleeren Bürokraten-Hochburg, doch die Stadt ist lebendiger und vielseitiger als es scheint.

Übernachten

Hotel Kurrajong
National Circuit, Barton, Tel. 02-6234 4444, Fax 6234 4466, www.hotelkurrajong.com.au, DZ ab 190 AUD
Das Art-déco-Hotel ist so alt wie die Stadt und diente vielen Parlamentariern als Unterkunft. Heute werden hier Studenten der Australischen Internationalen Hotelschule ausgebildet. Liebevoll restauriert, bietet es 26 klassisch-modern ausgestattete Zimmer.

Forrest Inn & Apartments
30 National Circuit, Forrest, Tel. 02-6295 2119, Fax 6295 3433, www.forrestinn.com.au, DZ ab 130 AUD
76 Motelzimmer und 25 Studioapartments (ab 150 AUD) mit Blick aufs Parliament House. Die Shops, Cafés und Kneipen des Stadtteils Manuka sind zu Fuß zu erreichen.

Sehenswert

New Parliament House
www.aph.gov.au, tgl. 9–17 Uhr, kostenlose Führungen
Weithin sichtbar thront das 1988 eröffnete Gebäude auf dem Capital Hill. Die „Public Galleries" des Unterhauses (House of Representatives) und des Oberhauses (Senate) sind jederzeit zugänglich – besonders interessant ist die „Question Time" um 14 Uhr an Sitzungstagen.

Schöne neue Welt: Lake Burley Griffin trägt den Namen seines Planers

National Museum of Australia
Lawson Crescent, Acton Peninsula, www.nma.gov.au, tgl. 10–17 Uhr
Das neue Museum vermittelt einen faszinierenden Einblick in die Geschichte des Landes und seiner Bewohner. Besonders wegen der Abteilung „First Australians", des abwechslungsreichen Aufbaus der Präsentationen und der postmodern-unregelmäßigen Architektur macht der Besuch Spaß.

National Gallery of Australia
Parkes Place, Parkes, www.nga.gov.au, tgl. 10–17 Uhr
Die Stärke des Kunstmuseums liegt zweifellos in den Sammlungen der Moderne und in australischer Kunst. Führungen mehrmals täglich, Vorträge mehrmals in der Woche (fast alle kostenlos).

INFO CANBERRA

Canberra Visitor Centre, 330 Northbourne Ave., Dickson, Tel. 02-6205 0044, Fax 6205 0776, www.visitcanberra.com.au, Mo–Fr 9–17, Sa, So 9–16 Uhr

WEBSITES
www.nationalcapital.gov.au, www.virtualcanberra.gov.au, www.outincanberra.com.au

UNTERWEGS
Canberra verfügt über ein effizientes Netz von Buslinien (Tel. 02-6207 7611, www.action.act.gov.au). Aber auch mit dem eigenen Fahrzeug kommt man problemlos durch die Stadt: Die Orientierung ist einfach, kostenlose Parkplätze gibt es in großer Zahl.

Essen

Canberras Einkaufs- und Ausgehviertel **Civic** ist das kleine Areal zwischen Akuna Street und Northbourne Avenue. Im **Café Macchiato** (121 London Circuit, Ecke East Row, Mo–Sa 7–23 Uhr) kann man gut und preiswert bis 12 Uhr frühstücken, tagsüber leichte Happen für zwischendurch und abends herzhafte Fleischgerichte bestellen. In der „Essmeile" West Row bietet das im Bistrostil gehaltene **Anise** moderne australische Küche mit asiatischem Einschlag (Melbourne Bldg., 20 West Row, Tel. 02-6257 0700, Di–Sa). **Mezzalira** im gleichen Gebäude ist ein viel gelobter Italiener (Tel. 02-6230 0025, So geschlossen).

Ausflug

SNOWY MOUNTAINS: Südwestlich von Canberra erheben sich die „Schneeberge", eine Berglandschaft steiniger Hochplateaus und tief eingeschnittener Täler (Infos unter **www.snowymountains.com.au**). In der Nachkriegszeit errichteten hier etwa 100 000 Arbeiter, die meisten Einwanderer aus Europa, ein komplexes System von Talsperren und Wasserkraftwerken. 1974 wurde das ehrgeizige Pro-

jekt abgeschlossen. Über Details berichtet das **Snowy Hydro Information Centre** in Cooma, eine gute Autostunde von Canberra entfernt (Mo–Fr 8–17, Sa und So 9–14 Uhr, **www.snowy hydro.com.au**).
Eine Rundfahrt von Cooma auf dem **Alpine Way** durch die Snowy Mountains führt zum Dorf **Thredbo** am Fuß des 2228 Meter hohen **Mount Kosciuszko**, des höchsten Bergs auf dem australischen Kontinent. Thredbo ist ein beliebter, aber teurer Wintersportort (**www.thredbo.com.au**). Im Sommer sind Unterkünfte erschwinglich, und Besucher können mit einem Sessellift auf das Kosciuszko-Plateau schweben. Die 1993 Meter hoch gelegene Bergstation ist Ausgangspunkt von Wanderwegen: Am beliebtesten ist der leicht zu bewältigende Kosciuszko Walkway zum Gipfel (13 km hin und zurück, ca. 5 Stunden Gehzeit). Der Alpine Way ist das ganze Jahr über offen, aber im Winter sind Schneeketten Pflicht (Verleih in Jindabyne oder Khancoban). Da die Straße durch den **Kosciuszko National Park** führt, müssen Autofahrer eine Gebühr von 16 AUD pro Tag entrichten.

MELBOURNE

Die zweitgrößte Stadt des Kontinents lässt sich nicht leicht auf einen Nenner bringen. Sie besitzt eine amerikanisch anmutende Skyline – am Südufer des Yarra River wächst gerade der höchste Apartmentturm der Welt, der Eureka Tower, 297 Meter in die Höhe; doch darunter liegt eine Innenstadt fast europäischen Zuschnitts, mit belebten Straßen und gemütlichen Gässchen voller Bars, Cafés und Restaurants. Eine unglaubliche Mischung, aber sie fügt sich zu einem liebenswerten und lebensfrohen Ganzen zusammen. Natürlich hat die Stadt ihre „großen" Sehenswürdigkeiten, aber eigentlich heißt Melbourne besuchen: sich treiben lassen, mit der Straßenbahn fahren, irgendwo aussteigen, einen Kaffee trinken, bei schönem Wetter im Botanischen Garten spazieren gehen oder am Strand von St. Kilda sonnenbaden …

Übernachten

The Windsor
103 Spring St., Tel. 03-9633 6000, Fax 9633 6001, www.oberoihotels.com, DZ ab 500 AUD
Das 1883 erbaute Grandhotel mit seiner ausladenden Fassade und den zwei Türmen über dem Eingangsportal ist eine Melbourner Ikone und zugleich eines der besten Luxushotels der Stadt. Nach umfassender Renovierung vereint sich in den 160 Zimmern und 20 Suiten viktorianische Opulenz mit den Errungenschaften des 20. und 21. Jahrhunderts.

Opulent: Hotel Windsor

The Adelphi Hotel
187 Flinders Lane, Tel. 03-9650 7555, Fax 9650 2710, www.adelphi.com.au, DZ ab 230 AUD
Ein intimes Boutiquehotel im quirligsten Teil der Innenstadt. Für das minimalistische Design des Gebäudes und der Inneneinrichtung wurde das Melbourner Architektenteam Denton Corker Marshall mit mehreren Preisen ausgezeichnet. Alles ist nüchtern und geradlinig, kräftige Gelb- und Rottöne setzen Akzente. Besonderer Clou: Der schmale, in die Dachterrasse eingelassene Pool ragt etwa einen halben Meter über die Fassade hinaus.

Hotel Enterprize
44 Spencer St., Tel. 03-9629 6991, Fax 9614 7963, www.hotelenterprize.com.au, DZ ab 100 AUD
Das solide Dreieinhalb-Sterne-Hotel bietet geräumige, kürzlich renovierte Zimmer und Suiten zur Straße hin; die Zimmer zum begrünten Innenhof sind kleiner, aber ebenfalls mit Bad, Kühlschrank, Minibar, TV und Kaffeekocher ausgestattet. Bei Online-Reservierung gibt es oft erheblichen Rabatt.

Sehenswert

MELBOURNE OBSERVATION DECK: Bei klarem Wetter ist ein Besuch der Aussichtsplattform im 55. Stock des 253 Meter hohen **Rialto Towers Building** die schönste Gelegenheit, sich einen Überblick über die Stadt zu verschaffen (**525 Collins St., www.melbournedeck.com.au,**

INFO MELBOURNE
Melbourne Visitor Centre, Federation Square, 2 Swanston St., Ecke Flinders St., Tel. 03-9658 9658, Fax 9650 6168, www.visit melbourne.com, tgl. 9–18 Uhr. Großes unterirdisches Informationszentrum gegenüber dem S-Bahnhof Flinders Street Station.

WEBSITES
www.melbourne australia.com.au, www.thatsmelbourne.com.au, www.melbourne.vic.gov.au

UNTERWEGS
Straßenbahnen verkehren auf fast allen Hauptstraßen der Innenstadt (Einzelfahrt 2,20 AUD). Kostenlos sind die altertümlichen, bordeauxroten City Circle Trams, die auf Flinders, Spring, La Trobe Street und Harbour Esplanade das Zentrum umrunden – täglich zwischen 10 und 18 Uhr (im Sommer Do, Fr und Sa 10–21 Uhr).

Mo–Do 10–22, Fr und Sa bis 23 Uhr, Eintritt 13,50 AUD). Erst aus der Vogelperspektive nämlich werden die Dimensionen der weiträumigen Metropole fassbar.

FEDERATION SQUARE: Der Komplex gegenüber der schönen alten Flinders Street Station nimmt einen ganzen Straßenblock ein: Unregelmäßig geformte Gebäude umringen einen gepflasterten „Marktplatz" (Flinders St., Ecke Swanston St., www.fedsq.com). Führungen vermitteln Einblicke in die komplexe Architektur des Areals (tgl. 11 und 14 Uhr, 10 AUD, Start am Melbourne Visitor Centre). Am „Fed Square" ist immer was los – bei Märkten und Festivals auf der Plaza, in den Restaurants, Cafés, Bars und Geschäften und in zwei Museen: Das **Ian Potter Centre: NGV Australia** (tgl. 10–17 Uhr, Eintritt frei, www.ngv.vic.gov.au) ist ein Ableger der National Gallery of Victoria, das **ACMI** (Australian Centre of the Moving Image, tgl. 10–18 Uhr, Eintritt frei, www.acmi.net.au) ein hypermodernes Medienzentrum mit Multimedia-Installationen im Erd- und Video-Galerien im Untergeschoss.

MELBOURNE DOCKLANDS: In den alten Hafenanlagen westlich der City entsteht ein komplett neuer Stadtteil – eine attraktive Promenade mit Yachthafen, schicken Apartmenthäusern, Boutiquen, Hotels und einer aufregenden Restaurant-Szene. Anfahrt mit der Straßenbahn (NewQuay Promenade, www.docklands.com, www.newquay.com.au).

Essen

Cookie
252 Swanston St., 1. Stock, City, Tel. 03-9663 7660
Die geräumige Restaurant-Bar liegt im ersten Stock eines stattlichen viktorianischen Gebäudes. Nach Büroschluss füllen sich die Räume mit Angestellten, die sich hier auf einen Drink treffen oder zum Abendessen bleiben. Gut, dass man die Thai-Gerichte nach Größe bestellen kann: „small" als Beilage zum Drink, „medium" oder „large" für den größeren Hunger.

ezard at adelphi
187 Flinders Lane, City, Tel. 03-9639 6811, www.ezard.com.au, So geschlossen
Das Feinschmeckerrestaurant im Untergeschoss des Designer-Hotels (siehe Seite 131) ist stadtbekannt für seinen aufmerksamen Service und die experimentierfreudige Fusion Cuisine des Küchenchefs Teage Ezard, die europäische und fernöstliche Zutaten und Kochmethoden kombiniert: Ochsenschwanz-Wontons in Tamarindenbrühe, Schweinshaxe mit Chiliglasur.

Brunetti
194–204 Faraday St., Carlton (nördl. der City), Tel. 03-9347 2801, www.brunetti.com.au
Das Aroma von frischem Espresso weht aus der Tür, durch die Schaufenster der langen Ladenfront erspäht man hohe Glasvitrinen voller Plunderstückchen, Biscotti und Kuchen. Kein Zweifel: Sie sind hier im italienischen Viertel Carlton, und Brunetti ist seine beste Café-Konditorei.

Ausflug

GREAT OCEAN ROAD: Ein Geheimtipp ist die rund 300 Kilometer lange **B100** – so die Markierung auf Straßenkarten – im Südwesten Victorias sicher nicht mehr. Dennoch lohnt die Fahrt, zu jeder Jahreszeit und bei jedem Wetter, denn die Great Ocean Road gehört zu den schönsten Küstenstraßen der Welt.

Von Anglesea bis Apollo Bay folgt die zweispurige Landstraße der Küste, oft direkt in die Flanke der bewaldeten, steil ins Meer abfallenden Hügel gehauen. Westlich von Apollo Bay schneidet sie durch das Hügelland von Victorias niederschlagsreichstem Gebiet: Die **Otways** sind von dichten, kühl-gemäßigten Regenwäldern bedeckt. Auf markierten Wanderwegen im **Otway National Park** (www.parkweb.vic.gov.au) sind Besucher oft allein und bekommen mit etwas Glück Wallabies, Koalas, Opossums und Papageien zu sehen; bei **Maits Rest** führt ein 40-minütiger Rundweg durch den Urwald zu betagten Baumriesen.

Ein andere Perspektive bietet **Otway Fly** bei Lavers Hill (www.otwayfly.com, tgl. 9–17 Uhr), wo man über luftigen Stahlkonstruktionen durch die Baumwipfel spaziert und auf die grün-fedrigen Büschel der Baumfarne in der Tiefe blickt.

Die Wälder machen schließlich Viehweiden Platz, und 100 Kilometer westlich von Apollo Bay ist bei Princetown der dramatischste Küstenabschnitt erreicht: Ebenes Weideland fällt abrupt in 80 bis 100 Meter hohen Kalksteinklippen zum Ozean ab, davor erheben sich die **Zwölf Apostel**, bei denen es sich seit dem Einsturz einer Felsnadel im Juli 2005 nur noch um acht vom Meer umtoste Steinkolosse handelt. Abzweigungen führen zu vielen Aussichtspunkten über die zerklüftete Küste.

Die von Busunternehmen ab Melbourne angebotenen Tagestripps klappern nur schnell die Highlights entlang der Küste ab. Die vielfältigen Reize der Region erschließen sich erst auf einer

Attraktion von Loch Ard Gorge sind der Kalksteinbogen – und das tiefblaue Meer

zwei- oder dreitägigen Tour, entweder mit einem Kleinbus-Tourveranstalter oder mit dem eigenen Mietwagen. Die Hauptorte Lorne, Apollo Bay, Port Campbell und Warrnambool bieten gute Übernachtungsmöglichkeiten. Besonders schön sind Cottages und Bed-and-Breakfast-Häuser etwas außerhalb, oft in herrlicher Lage im Wald oder mit Blick aufs Meer. Unterkünfte aller Art verzeichnet die Website **www.greatoceanroad.org**.

Stadt im Fluss: Adelaide, vom Torrens River aus gesehen

ADELAIDE

Die Hauptstadt des Bundesstaates South Australia ist eine Millionenmetropole – und wirbt dennoch damit, eine „20-Minuten-Stadt" zu sein. Die Aussicht vom Mount Lofty im Südosten verdeutlicht, warum: Zwar erstrecken sich die flachen Wohnhäuser kilometerweit im Piccadilly Valley und entlang der Küste, das Zentrum Adelaides aber mit seinen Geschäfts- und Bürogebäuden ist überschaubar und im rechteckigen Straßennetz angelegt, sodass sich hier niemand verirren kann.

Übernachten

Radisson Playford Hotel and Suites
120 North Tce., Tel. 08-8213 8888, Fax 8213 8833, www.radisson.com/adelaideau, DZ ab 215 AUD
Das Fünf-Sterne-Hotel liegt in unmittelbarer Nähe von Convention Centre, Casino und den großen Museen. Die Zimmer zur North Terrace bieten einen Blick über den Torrens River.

Majestic Roof Garden Hotel
55 Frome St., Tel. 08-8100 4400, Fax 8100 4488, www.majestichotels.com.au, DZ ab 149 AUD
Erst im vergangenen Jahr eröffnet, beeindruckt das Hotel durch seinen Dachgarten, von dessen Bar aus man über das Stadtzentrum bis weit in die Adelaide Hills schauen kann. Zum Shoppen in die lebhafte Rundle Mall sind es nur wenige Schritte.

Adelaide Central YHA
135 Waymouth St., Tel. 08-8414 3010, Fax 8414 3015, www.yha.com.au, Bett ab 23 AUD
Helle, freundliche Zimmer. Am Light Square gelegen und nur einen Block vom zentralen Busbahnhof entfernt.

Sehenswert

VICTORIA SQUARE: Gebäude aus der Kolonialzeit wie das General Post Office und das Oberste Gericht säumen den Platz im Zentrum der Stadt. In seiner Mitte symbolisiert ein Springbrunnen die drei Flüsse – Torrens, Murray und Onkaparinga –, aus denen Adelaide sein Wasser bezieht. Nur wenige hundert Meter entfernt liegt der **Central Market**, der die Stadt seit 135 Jahren mit frischem Obst, Gemüse und anderen Köstlichkeiten versorgt – eine Erfahrung für alle Sinne (zwischen Gouger und Grote Street, Di, Do, Fr und Sa). Vom Victoria Square aus fährt die **Glenelg Tram** von 1929 zum beliebtesten Strand der Stadt (alle 15 Min., 30 Min. Fahrzeit).
In Glenelg landeten 1836 die ersten europäischen Siedler der Kolonie, heute herrscht der Trubel eines Seebades.
NORTH TERRACE: Adelaides Kunst- und Kulturmeile am Nordrand der Innenstadt. Hier liegt das Festival Centre, in dem alle zwei Jahre das berühmte **Adelaide Festival of Arts** stattfindet (2006: 3.–19. März). Vorbei am Government House lohnt ein Abstecher zum kleinen, aber informativen **Migration Museum** (82 Kintore Ave., Mo–Fr 10–17, Sa/So 13–17 Uhr, Eintritt frei). Neben der **State Library** (kostenlose Internet-Nutzung!) befindet sich das **South Australian Museum** (tgl. 10–17 Uhr, Eintritt frei), unter anderem mit einer vorzüglichen Sammlung zur Kultur der Aborigines. Daran schließt die **Art Gallery of South Australia** an (tgl. 10–17 Uhr, Eintritt frei) und am Ostende der North Terrace der sehenswerte **Botanic Garden**.
PORT ADELAIDE: Im 1840 gegründeten Handelshafen führt ein **Heritage Walk** zu 37 sehenswerten Gebäuden aus dem 19. Jahrhundert; Broschüre im Visitor Information Centre in der alten Polizeistation (66 Commercial Rd., tgl. 9–17 Uhr, **www.portenf.sa.gov.au**). Von den fünf Museen ist das

INFO ADELAIDE
South Australian Visitor & Travel Centre, 18 King William St., Tel. 08-8303 2033, www.south australia.com, Mo–Fr 8.30–17, Sa–So 9–14 Uhr. Zentral gelegen zwischen der Einkaufsstraße Rundle Mall und der North Terrace. In der Stadt „patrouillieren" außerdem grün gekleidete **City Guides**, die jederzeit weiterhelfen (tgl. außer Di 9–15 Uhr).

WEBSITES
www.adelaide.south australia.com, www. adelaide.sa.gov.au

UNTERWEGS
Wenn die Beine schwer werden, helfen die **kostenlosen Busse** der Linien **99B** (entlang der King Williams Street) und **99C** (fährt rund ums Zentrum). Ein dichtes öffentliches Verkehrsnetz macht auch die Erkundung der Umgebung leicht: Busse und Bahnen fahren an die Strände am Indischen Ozean, nach Port Adelaide, bis in die Adelaide Hills und ins Barossa Valley (Info: **Adelaide Metro**, www.adelaidemetro.com. au, Tel. 08-8210 1000).

SA Maritime Museum besonders sehenswert, zu dem auch der Leuchtturm am Hafen gehört (126 Lipson St., tgl. 10–17 Uhr, Eintritt 8,50 AUD).

Essen

Regattas Bistro
Adelaide Convention Centre, North Terrace, Tel. 08-8210 6785, tgl. ab 8 Uhr
Schon der Blick über den Torrens River ist Genuss. Der Koch verwendet ausschließlich frische Produkte der Region; große Auswahl an australischen Weinen.

Ying Chow
114 Gouger St., Tel. 08-8211 7998, tgl. ab 12 Uhr
Das wohl bekannteste unter den zahlreichen China-Restaurants – und entsprechend gut besucht. Nordchinesische Küche zu günstigen Preisen. Auch für Vegetarier.

Scoozi
272 Rundle St., Tel. 08-8232 4733
Das gemütliche Familienrestaurant im Einkaufsdistrikt bietet Snacks, hausgemachte Pasta und Pizza aus dem Holzofen.

Ausflug

KANGAROO ISLAND: Australiens drittgrößte Insel (4500 qkm) ist ein Paradies nicht nur für Tiere. Dank der isolierten Lage und nur spärlicher Besiedlung (rund 4500 Einw.) hat sich hier eine einmalige Fauna und Flora erhalten. Auskunft über Unterkünfte, Touren etc.: **Gateway Visitor Information Centre**, **Howard Drive, Penneshaw, Tel. 08-8553 1185, www.tourkan garooisland.com.au**; Anreise: mit dem Flugzeug von Adelaide nach Kingscote (30 Min.) oder mit der Fähre von Cape Jervis nach Penneshaw (**www.sea link.com.au**, mindestens viermal täglich, Fahrzeit 45 Min., pro Person ab 30 AUD, Auto ab 52 AUD; unbedingt rechtzeitig buchen!). Es gibt auf Kangaroo Island weder öffentliche Verkehrsmittel noch Taxen. Sealink bietet daher auch Tages- und Mehrtagestouren von Adelaide aus an. Fast ein Drittel von „KI", wie die Australier die Insel knapp nennen, steht unter Naturschutz. Hier leben Koala, Echidna, Platypus, Zwergpinguin, der bedrohte Australische Seelöwe und Seebär – und natürlich zu Tausenden Kängurus und Tammar Wallabys. Unbedingt sehenswert ist die Seelöwenkolonie in **Seal Bay**: Ranger führen Besuchergruppen zwischen die Tiere, die sich am Strand von der Strapaze der Futtersuche im Ozean erholen (Tour 12,50 AUD). Der **Koala Walk**, eine knapp 2 Kilometer lange Eukalyptus-Allee am Eingang des **Hanson Bay Sanctuary**, ist einer der besten Plätze, die Beuteltiere zu beobachten. Manager Bryan Parsons bietet auch Nachtführungen an (Start 20 Uhr, 15 AUD, Buchung Tel. 08-8559 7344, **www.han sonbay.com**). Im **Flinders Chase National Park** (Visitor Centre in Rocky River, Tageseintritt 7 AUD) führen Wanderwege zur spektakulären Steilküste oder durch dichten Wald; mit etwas Glück kann man an den **Platypus Waterholes** (Rundweg etwa 2 Stunden) tatsächlich ein Schnabeltier sehen. An der Südküste der Insel lohnen die **Kelly-Hill-Tropfsteinhöhlen** (ab 10,50 AUD) und die riesigen Sanddünen der **Little Sahara**.

Unvergessliche Felsen: Remarkable Rocks auf Kangaroo Island

In Seal Bay dürfen Touristen den Seelöwen nahe kommen

PERTH

Die Hauptstadt Westaustraliens gilt als einsamste Großstadt der Welt. Adelaide liegt fast 2800 Straßenkilometer entfernt, Melbourne 3500, Sydney 4000 und Darwin 4300 Kilometer. Trotzdem ist Perth nicht rückständig, sondern eine der attraktivsten und modernsten Städte des Landes mit einer imposanten Skyline vor der rauschenden Brandung des Indischen Ozeans.

Übernachten

The Melbourne
Hay St./Milligan St., City, Tel. 08-9320 3333, Fax 9320 3344, www.melbournehotel.com.au, DZ ab 130 AUD
Cremeweißer Stuck und umlaufende Balkone machen das denkmalgeschützte Hotel zu einer Sehenswürdigkeit. Im Erdgeschoss befinden sich Restaurant, Bar und Bottleshop, wo man sich durch die Weine und Biere der Region kosten kann.

Beach Manor B & B
196 The Esplanade, Scarborough Beach, Tel./Fax 08-9245 2288, www.bedand breakfastperth.com, DZ ab 115 AUD
Unmittelbar an einem der attraktivsten Strände von Perth gelegen, mit Blick auf farbenreiche Sonnenuntergänge über dem Indischen Ozean. Drei der sieben opulent im Boudoir-Stil dekorierten Zimmer haben Meerblick.

Coolibah Lodge
194 Brisbane St., Northbridge, Tel. 08-9328 9958, Fax 9227 6231, www.coolibahlodge. com.au, DZ ab 54 AUD, Bett im Schlafsaal ab 20 AUD
Backpackerhostel in Kolonialgebäude mit Stuckverzierungen und alten Kaminen. Nur wenige Minuten von der Kneipenszene in Northbridge entfernt, aber trotzdem ruhig.

Sehenswert

KINGS PARK: Von der Anhöhe des riesigen Landschaftsparks, der auch den **Botanischen Garten** umfasst, eröffnet sich der beste Blick auf die Hochhäuser der Innenstadt und den breiten Swan River (kostenlose Führungen ab Visitor Centre an der Fraser Ave., **www.bgpa.wa.gov.au**). Ende September, wenn bizarr geformte rot-grüne Kängurupfoten oder gelb-rote Banksia-Zapfen in voller Blüte stehen, feiern die Perthites hier das **Wildflower Festival** (2005: 22.–26. Sept.). Vom Kings Park sind es nur wenige Minuten zu Fuß ins Stadtviertel **Subiaco**, dessen Hauptstraße Rokeby Road mit einladenden Cafés, Pubs, Restaurants und kleinen Geschäften lockt.

FREMANTLE: „Freo", wie Einheimische die Hafenstadt nennen, ist ein Vorort von Perth an der Mündung des Swan River. Seine Hauptstraße **South Terrace** trägt den Beinamen „Cappuccino Strip" – wegen der vielen Straßencafés und Restaurants; bis ins **Sail & Anchor**, eine der ersten Brauereikneipen Australiens, reicht das mediterrane Flair. Am Wochenende drängen sich Einheimische wie Touristen

Perth ist beides: Kleinstadt und aufstrebende Metropole

in den **Fremantle Markets**, der viktorianischen Markthalle von 1897. Anfahrt: ab Perth in rund 20 Minuten mit der Fremantle Line (alle 10 bis 20 Min., 3 AUD).
STRÄNDE: An der so genannten **Sunset Coast** nördlich von Fremantle reiht sich ein Strand an den nächsten: Zum Schwimmen fahren die Perthites an den beliebten **Cottesloe Beach**, wo die Wellen im Schutz des Cockburn Sound eher flach sind (mit der Fremantle Line bis Cottesloe Station, von dort ca. 15 Min. Fußweg zum Strand). Wer vor allem surfen will, begibt sich an den nördlich gelegenen **Scarborough Beach** oder nach **South Trigg Beach** (am besten per Auto).

Essen & Trinken

Subiaco Hotel
Hay St./Rokeby Rd., Subiaco, Tel. 08-9381 3069, www.subiacohotel.com.au, tgl. ab 7 Uhr
Sehen und Gesehenwerden ist wichtig im „Subi". Ambitioniert ist die Fusion Cuisine mit Rezepturen aus aller Welt – vom indonesischen Murtabak (gefüllte Pfannkuchen) bis zum italienischen Risotto.

Star Anise
225 Onslow Rd., Shenton Park, Tel. 08-9381 9811, Di–Sa ab 18 Uhr, Fr auch Lunch
Ein besonders hell leuchtender Stern der modernen australischen „Mod Oz"-Küche, die asiatische und mediterrane Einflüsse mixt, zum Beispiel Shiitake-Parmesan-Törtchen mit gegrilltem Spargel, Knusperente mit Blutorangen-Sauce.

Little Creatures
40 Mews Rd., Fremantle, Tel. 08-9430 5555, Mo–Fr ab 10, Sa/So ab 9 Uhr
Bei Pizza, Tapas und Salaten blickt man auf das Geschehen im Hafen von Fremantle und kann durch riesige Glasfronten zuschauen, wie das Little-Creatures-Bier gebraut wird.

Ausflug

MARGARET RIVER REGION: Die Süd-West-Ecke zwischen Cape Naturaliste und Cape Leeuwin ist von Perth in rund drei Autostunden zu erreichen. An der Küste wechseln sich ausgedehnte weiße Sandstrände mit zerklüfteten Felsklippen ab, gegen die der Indische Ozean anrollt (siehe „Strände", Seite 140). Vor **Redgate Beach** tummeln sich häufig Delfine, und in den Wintermonaten kann man entlang der ganzen Küste Wale sichten. Der Landstrich lässt sich am besten auf der **Caves Road** erkunden, der alten Küstenstraße zwischen Dunsborough und Augusta (ca. 130 Kilometer). Ihren Namen verdankt sie Kalksteinhöhlen wie der **Jewel Cave**, die man besichtigen kann. Kathedralenartige Stille herrscht auf dem Straßenabschnitt durch den **Boranup Forest**, in dem 60 Meter hohe Karri-Baumriesen aufragen. Die gesamte Region ist für ihre edlen Weingüter bekannt. Viele bieten die Möglichkeit zu Weinproben (Infos unter **www.margaretriver.com**).

DARWIN

Die Hauptstadt des Northern Territory, die von Singapur ebenso weit entfernt ist wie von Sydney, wächst so schnell wie kaum eine andere australische Stadt. Und die Zukunftspläne sind hochfliegend: Darwin mit seinen bislang 108 000 Einwohnern soll zur richtigen Metropole werden. Für Urlauber ist die Pionierstadt mit Ambitionen oft Durchreisestation auf dem Weg zu den Naturschönheiten im Osten oder Westen. Ein Aufenthalt will gut geplant sein, denn von Juni bis August ist Darwins Veranstaltungskalender gepackt mit Events wie der urigen **Beer Can Regatta**, dem **Darwin Festival** oder Sportereignissen – und Hotelbetten sind entsprechend schwer zu ergattern.

Übernachten

Mirambeena Resort Darwin
64 Cavenagh St., Tel. 08-8946 0111, Fax 8981 5116, www.mirambeena.com.au, DZ ab 157 AUD
Ein Resorthotel direkt in der City mit zwei großen Pools im Lagunenstil, umgeben von einem Palmengarten mit Wasserfall.

INFO PERTH
Western Australian Visitor Centre, Albert Facey House, Forrest Place/Wellington St., Tel. 08-9483 1111, Fax 9481 0190, www.westernaustralia.com, Mo–Do 8.30–18, Fr bis 19, Sa bis 12.30 Uhr

WEBSITES
www.countrywide.com.au, www.staywa.net.au

UNTERWEGS
Die kostenlosen CAT-Busse verkehren tagsüber alle paar Minuten in den Innenstädten von Perth und Fremantle. Informationen über alle Busse, Bahnen, Fähren bei **Transperth** (www.transperth.wa.gov.au).

Zieht Genießer an wie Licht Insekten: die Stokes Hill Wharf, Darwins liebevoll renovierte Hafenanlage

INFO DARWIN
Tourism Top End, Beagle House, Knuckey St./Mitchell St., Tel. 08-8936 2499, Fax 8981 0653, www.tourism topend.com.au, Mo–Fr 8.30–17.30, Sa 9–15, So 10–15 Uhr

WEBSITES
www.nt.gov.au, www.travelnt.com

UNTERWEGS
Die kompakte Innenstadt lässt sich gut zu Fuß erkunden. Zu Zielen außerhalb gelangt man mit den Linien des **Darwinbus** ab dem Busbahnhof an der Harry Chan Ave.

Feathers Sanctuary
49A Freshwater Rd., Jingili, Tel. 08-8985 2144, Fax 8985 5144, www.featherssanctuary.com, Hütte pro Nacht ab 200 AUD
Die luftigen Hütten liegen in Jingili, einem der grünsten Stadtteile Darwins, unweit des Flughafens. Mangrovedickköpfe und Honigfresser flattern durch die umzäunte Oase der Hotelanlage, die ein privater Vogelpark ist. Peter McGrath lässt sich gern beim Füttern der Tiere begleiten, seine Frau Suzanne stellt Gästen jeden Tag exotische Früchte in den Kühlschrank.

Sehenswert

Museum and Art Gallery of the NT
Conacher St., Bullocky Point, Mo–Fr 9–17, Sa u. So 10–17 Uhr, Eintritt frei
In Fannie Bay ist eine exquisite Sammlung von Aborigines-Kunst zu Hause, von uralten Felsmalereien bis hin zu zeitgenössischen Werken. Außerdem: lebendig gestaltete Ausstellungen über die Natur- und Kulturgeschichte des Northern Territory und „Sweetheart", ein ausgestopftes, riesiges Salzwasserkrokodil, das viele Außenbordmotoren auf dem Gewissen hat. Ideal für die Lunch-Pause ist das Cornucopia Museum Café.

Indo Pacific Marine
Stokes Hill Wharf (Hafen), April–Okt. tgl. 10–16, Nov.–März 9.30–13 Uhr, 18 AUD
Eines der wenigen Aquarien weltweit, dessen Wasserbecken lebende Korallenriffe mit tropischen Fischen, Seepferdchen und Seeanemonen enthalten.

Essen

Twilight on Lindsay
2 Lindsay St, City, Tel. 08-8981 8631, www.twilightonlind say.com.au, So und Mo geschlossen
Eine Oase der Ruhe mitten im Zentrum. Man sitzt unter dem auf hohen Stelzen gebauten Haus oder auf der Terrasse, umgeben von einem mit Mosaiken und Skulpturen dekorierten tropischen Garten. Mittags gibt es Burger, Salate und Pasta, auf der teureren Abendkarte stehen auch gegrillte Jakobsmuscheln und Kängurufilet.

Ausflüge

KAKADU NATIONAL PARK: Von Darwin aus sind es rund drei Autostunden (ca. 250 km) auf dem asphaltierten Arnhem Highway bis zum **Bowali Visitor Centre** in Jabiru (**Tel. 08-8938 1120, www.deh.gov.au/parks/ kakadu, tgl. 8–17 Uhr**).
Weite Teile des Parks sind von Sümpfen und Feuchtgebieten bedeckt, die Kakadu zu einem wichtigen Brut- und Durchzugsgebiet für Wasservögel machen. Bei einer Bootsfahrt über den **Yellow Water Billabong** bei Cooinda sieht man Brolga-Kraniche, Kormorane, Reiher, Löffler, Jabiru-Störche und die kleinen, von Seerosenblatt zu Seerosenblatt staksenden Australischen Blatthühnchen, auch „Jesus Birds" genannt.
Im Osten und Südosten ragen steile, bis zu 400 Meter hohe Sandsteinwände aus der flachen Landschaft und bilden eine natürliche Grenze zwischen Kakadu und dem Arnhem Land.
In der Regenzeit stürzen bei den **Jim Jim Falls** und den **Twin Falls** riesige Wasservolumen vom Plateauabbruch etwa 200 Meter in die Tiefe – ein beeindruckender Anblick aus der Luft. Rundflüge bietet **Kakadu Air** ab Jabiru (**Tel. 08-8979 2411, www.kakaduair.com.au, ab 110 AUD**). Auf dem Landweg sind die Wasserfälle nur in der Trockenzeit und per Geländewagen erreichbar.
Über die ganze Region sind Felsmalereien der Aborigines verteilt, einige werden auf mindestens 20 000 Jahre datiert. Die bekanntesten Felszeichnungen, am **Ubirr** und **Nourlangie Rock**, verschaffen einen Überblick über die Vielfalt der Motive und Techniken: von einfachen Handabdrücken bis hin zum Röntgenstil, bei dem die inneren Organe und das Skelett eines Tieres abgebildet werden.
Einen Einblick in die lebende Aboriginal-Kultur vermittelt die Tour von **Animal Tracks Safari** (**135 AUD ab Cooinda, Tel. 08-8979 0145, www.animaltracks. com.au**): Eine Aboriginal-Führerin sammelt, jagt und kocht mit den Teilnehmern „Bush Tucker" und erzählt Geschichten der Traumzeit.
LITCHFIELD NATIONAL PARK: Im Gegensatz zu Kakadu lässt sich der kleine Nationalpark von Darwin aus in einem Tagesausflug besuchen. Die Straße von **Batchelor** durch den Park ist bis Bamboo Creek vollständig geteert. Litchfields größte Attraktion sind die krokodilfreien Badestellen am Fuß der Wasserfälle. Das ganze Jahr über – auch in der Trockenzeit – stürzt das Wasser vom Sandsteinplateau der Tabletop Range. Der weitaus beliebteste Pool ist der große **Wangi Falls** im Westen.

Verwunschene Sumpflandschaft: Yellow Water im Kakadu-Nationalpark

BRISBANE

Queenslands Hauptstadt ist mit 1,7 Millionen Einwohnern Australiens drittgrößte Metropole. Doch obwohl „Brissie" in den vergangenen Jahren rasant gewachsen ist, erhält es sich den lässigen Charme einer ruhigen und selten hektischen Provinzstadt – kein Wunder bei dem milden subtropischen Klima und durchschnittlich 7,5 Sonnenstunden pro Tag.

Übernachten

Rothbury on Ann
301 Ann St., City, Tel. 07-3239 8888, Fax 3239 8899, www. rothburyhotel.com, DZ um 140 AUD, Apartments ab 170 AUD (inkl. Frühstück)
Marmortreppe, Ledersofas, Art-déco-Lampen und Bleiglasfenster – das großzügige Rothbury-Apartmenthaus ist ganz nach dem Geschmack von Empire-Romantikern.

Medina Executive Apartments
15 Ivory Lane, City, Tel. 07-3218 5800, Fax 3218 5805, www.medinaapartments.com. au, ab 155 AUD bei Online-Buchung
Eher Wohnungs- als Hotelflair haben die Räume im eleganten Medina nahe der Story Bridge. Die 1- bis 3-Zimmer-Apartments sind mit CD-Player und kompletter Küche ausgestattet. Die Studios sind kleiner und ohne Kochgelegenheit.

Ridge Haven B & B
374 Annerley Road, Annerley, Tel. 07-3391 7702, Fax 3392

Warum rennen? Brisbane am Fluss ist eine lässige Stadt

1786, www.uqconnect.net/ridgehaven, DZ ab 130 AUD
In dem historischen „Queenslander", einem Holzbau auf Pfählen mit umlaufender Veranda, sind die Zimmer groß, luftig und persönlich eingerichtet. Das Frühstück wird auf einem Holzdeck unter alten Bäumen serviert. Vier Kilometer südlich der Innenstadt.

Explorers Inn Hotel
63 Turbot St., City, Tel. 07-3211 3488, Fax 3211 3499, www.explorers.com.au, DZ ab 80 AUD
Modern, sauber, freundlich und vor allem unschlagbar günstig ist das Drei-Sterne-Haus mitten in der City. Hilfsbereites Personal.

Sehenswert

FLUSSFAHRTEN: Mit Fähren über den Brisbane River zu schippern ist die charmanteste Art, die Stadt zu erkunden. Die **CityCat**-Katamarane fahren bis spätabends alle 20 bis 30 Minuten. Tipp: eine Tageskarte (4,80 AUD, gilt für alle Verkehrsmittel) kaufen und beliebig oft ein- und aussteigen. Zum Beispiel, um abends nahe der Endstation Brett's Wharf im historischen **Breakfast Creek Hotel** (**2 Kingsford Smith Drive, Albion, Tel. 07-3262 5988, www.breakfastcreekhotel.com**) auf ein Steak und Bier einzukehren.

RIVER HERITAGE TRAIL: Die Reste **kolonialer Architektur**, die nicht dem innerstädtischen Bauboom weichen mussten, lassen sich auf diesem Rundweg durch die City erkunden. Der Trail führt vom Botanischen Garten zu historischen Residenzen am Kangaroo Point, zur Story Bridge und vorbei an Bauten aus der Zeit von 1850 bis 1920 an Queen, Ann und Eagle Street. Ein Faltplan mit Erklärungen ist im Visitor Centre erhältlich.

MT. COOT-THA: Von dem Aussichtshügel (ca. 5 km südwestl. der City) sieht man bis zur Moreton Bay, vor allem aber bekommt man einen Eindruck davon, wie weitläufig Brisbane ist. Besonders romantisch ist der Blick übers abendliche Lichtermeer. Am Fuß lohnt ein Rundgang durch die weitläufigen **Botanic Gardens Mt. Coot-tha** (tgl. 8–17.30, im Winter bis 17 Uhr).

Essen

Watt modern dining
Powerhouse, 119 Lamington St., New Farm, Tel. 07-3358 5464, tgl. außer Mo
Bei Krabben-Tempura oder Austernteller holt man sich Appetit auf die Hauptgerichte, die asiatisch oder mediterran beeinflusst sind. Eine entspannte Adresse für gutes Essen in dem zum Kulturzentrum umgebauten Kraftwerk am Fluss.

Thai Wi-Rat
20 Duncan St., Fortitude Valley, Tel. 07-3257 0884
Kleines, preiswertes Lokal in Chinatown mit authentischer Thai-Küche in einfachem Ambiente. Vorsicht: „Hot" ist hier ernst gemeint, also sehr, sehr scharf.

Cru
22 James St., Fortitude Valley, Tel. 07-3252 2400
Restaurant, Bar und Weinladen – sehr hip und lässig zugleich. Delikat sind die Probierplatten zum offenen Wein, die Meeresfrüchte-Snacks und Pasteten.

Ausflüge

NORTH STRADBROKE ISLAND: Wird es den Brisbanians zu heiß, fliehen sie nach „Straddie", der stadtnahen Sandinsel, deren **Surfstrand** selbst an schwülen Tagen eine Brise kühlt. Naturfreunde begeistern die **Binnenseen** mit raren Orchideenarten. Von Juni bis November kann man von Point Lookout **Buckelwale** beobachten. Anreise mit Auto oder Bus und Fähre (ca. 1 Stunde) oder per organisierter Tagestour. Info: **Stradbroke Island Tourism**, Tel. 07-3409 9555, www.stradbroketourism.com.

SPRINGBROOK NATIONAL PARK: Wasserfälle, Felsklippen und tropische Regenwaldvegetation machen den wenig bekannten Nationalpark rund anderthalb Autostunden südlich von Brisbane zu einem faszinierenden Ziel für ruhige **Wanderungen**. Wer die steile Kurvenstraße auf das Hochplateau nicht selbst fahren mag, bucht eine Tagestour ab Brisbane, z. B. mit **Rob's Rainforest Explorer**, Mobil-Tel. 0409-496 607, www.robsrainforest.com.

INFO BRISBANE
Brisbane Visitor Information Centre,
Queen Street Mall, Tel. 07-3006 6200, www.ourbrisbane.com, Mo–Do 9–17.30, Fr bis 19, Sa bis 17, So 9.30–16.30 Uhr. An der Einkaufsmeile im Stadtzentrum, das sich in eine Schleife des Brisbane River schmiegt.

WEBSITES
www.brisbane.qld.gov.au, www.queenslandholidays.com.au

UNTERWEGS
Praktisch fürs Sightseeing sind die **kostenlosen Loop-Busse**, die tagsüber die City umrunden.

GEBRAUCHSANWEISUNG FÜR DAS JOTT-WEE-DEE

Manche Entdecker, die sich ins unbekannte Innere wagten, kehrten nicht zurück. Heute ist das Herz Australiens komplett kartographiert – von seiner Anziehungskraft auf Abenteurer aber hat es nichts verloren

UNTERWEGS IM OUTBACK

Wer auf ungeteerten Pisten fährt, muss mit häufigen (Reifen-)Pannen rechnen und wissen, wie Wagenheber, Flickzeug und Ersatzteile zu handhaben sind. Unerlässlich: Wasser- und Benzinkanister, oft auch Satellitentelefon, Kompass oder GPS.

Touren ins Outback müssen sorgfältig geplant und vorbereitet sein. Hilfreiche Führer sind z. B.: **Australien mit Outback** von Steffen Albrecht (Iwanowski's Reisebuchverlag, 10. Aufl. 2005, 25,95 €), der englischsprachige **Outback Australia** von Rob van Driesum (Lonely Planet, 3. Aufl. 2002, 23,50 €) und **Australiens Outback und Bush entdecken** von Elfi H. M. Gilissen (Reise Know-How Verlag, 2004, 12,50 €).

VERANSTALTER

Offroad-Unerfahrene schließen sich besser – und verhältnismäßig preiswert – einem australischen Veranstalter an, der in kleinen Gruppen von vier bis acht Geländefahrzeugen ins „Never-Never" aufbricht. Die ortskundigen Führer kennen die Besonderheiten entlang der Strecke und können Fundstellen von Aboriginal-Kunst kompetent erklären, die man sonst kaum beachten würde. Eine Auswahl:

Aussie Heritage Tours, www.aussieheritagetours.com.au, Touren in den Flinders Ranges;
Direct 4WD Tag-Along Tours, www.direct4wd.com.au, Wüstengebiete Zentralaustraliens;
Duncans Off Road, www.duncansoffroad.com.au, 4WD-Fahrtraining und Tourenangebot in ganz Australien;
Murchison Safari's, www.murchsafaris.com, entlegene Gebiete Western Australias;
Tag-Along 4WD Adventure Tours Australia, www.adventure-tours-australia.com, Simpson Desert, Kimberley, Cape York und Canning Stock Route;
Tag-Along Tours Broome, www.tagalongbroome.com, Western Australia und Northern Territory;
Willis's Walkabouts, www.bushwalkingholidays.com.au, Wanderungen in den Kimberleys, im Kakadu-Nationalpark und in Zentralaustralien;
ROC Tours Australia, www.cycletours.com.au, 4- bis 11-tägige Fahrrad-Touren durchs Outback.

So schön wie sie klingen: die Bungle Bungles

Wo die besiedelten Küstenlandschaften enden, beginnt das Outback, die unermessliche Weite des australischen Buschs. Die endlosen Savannen und Wüstensteppen, von verwitterten Bergketten unterbrochen, sind nahezu menschenleer. Hier bedeutet Australien: so viel Platz, wie man will.

HIGHWAYS

Wer möchte, kann auf dem Highway 1 den Kontinent umrunden, ohne je den Asphalt zu verlassen. Durch das Outback jedoch führen nur wenige geteerte Straßen. Die berühmteste ist der rund 3050 Kilometer lange **Stuart Highway** von Adelaide über Alice Springs nach Darwin. Er folgt den Spuren des Schotten John McDouall Stuart, dem 1862 die erste Süd-Nord-Durchquerung des Kontinents gelang. Die Vegetation entlang der Strecke ist – außer im tropischen Norden – spärlich. Größere Bäume und sattes Grün finden sich nur an Wasserlöchern und den Ufern von Flüssen, die allzu oft ausgetrocknet sind. Seit 2004 wird die auch „Explorer Highway" genannte Strecke von der Eisenbahntrasse des „Ghan" (siehe Seite 60) flankiert.

Flinders Ranges

Bei Port Augusta zweigt vom Stuart Highway in nordöstlicher Richtung eine Straße in eine Bergregion ab, die nach Matthew Flinders benannt wurde, der 1802 als erster Australien umsegelte. Bis Wilpena am Südrand des **Flinders Ranges National Park** ist die Straße

Härtetest Pentecost River: Nur Geländewagen kommen hier durch

geteert, hier befindet sich ein Visitor Centre. Das **Wilpena Pound Resort** ist ein beliebter Ausgangsort für Wanderungen im Nationalpark (**Tel. 08-8648 0004, www.wilpenapound.com.au**, Campingplatz ab 15 AUD pro Person, Cottages oder Motelzimmer ab 129 AUD).

Es liegt am Rand der **Wilpena Pound**, eines von über 1000 Meter hohen Felswänden wie ein Amphitheater umschlossenen Hochtals. Die besten Reisezeiten sind Winter (Mai–Aug. bei 20–23 Grad Celsius) und Frühjahr (Sept./Okt. bei 27–31 Grad).

Ayers Rock (Uluru)

Hinter Port Augusta führt der Stuart Highway über Hunderte von Kilometern scheinbar schnurgerade nach Norden durch eine flache, von Spinifex-Gras und Salzbusch bewachsene Landschaft, in der einzig Tank- und Raststellen ein wenig Abwechslung bieten. Reisende, die bei Erldunda auf den **Lasseter Highway** abzweigen, sehen einzelne Tafelberge aus der staubigen Ebene emporragen. Am bekanntesten ist der **Ayers Rock**; zusammen mit den nahe gelegenen Felskuppen der **Olgas** bildet er den **Uluru-Kata Tjuta National Park**. Verschiedene Unterkunftsmöglichkeiten bietet das **Ayers Rock Resort** in Yulara (**Tel. 08-8957 7001, www.ayersrockresort.com.au**): auf dem Zeltplatz (ab 13 AUD pro Pers.), in Cabins (150 AUD für 6 Pers.) und in mehreren Hotels (DZ ab 400 AUD).

White Cliffs

Die Opalfelder von White Cliffs (siehe Seite 84) liegen im äußersten Nordwesten von New South Wales. Anfahrt ab Adelaide auf dem **Barrier Highway** über Broken Hill nach Wilcannia (ca. 700 km), von dort noch 95 Kilometer nach Norden. Wer nicht mit dem Caravan Park vorlieb nehmen möchte, kann im **White Cliffs Hotel Motel** (**Tel. 08-8091 6606, www.whitecliffshotelmotel.com.au**, ab 30 AUD) einchecken und bei Graham Wellings an der Bar neben Opalsuchern ein Bier trinken. Komfortabler logiert man unterirdisch im **PJ's Underground B & B** von Joanne und Peter Pedler (**Tel. 08-8091 6626, www.bedsandbreakfasts.com.au/Pjs Underground**, DZ ab 115 AUD).

PISTEN

Am schönsten ist das Outback-Erlebnis, wenn man die zivilisierte Welt auf Schotter-, Sand- und Staubpisten hinter sich lässt. Das ist bis auf wenige Ausnahmen nur mit einem geländetauglichen Allrad-Fahrzeug möglich. Manche der Pisten dienten einst dazu, riesige Rinderherden zur nächsten Eisenbahnstrecke zu treiben, von wo aus sie zu den Schlachthäusern der Großstädte transportiert wurden. Die rund 1700 Kilometer lange **Canning Stock Route**, die in Western Australia von Halls Creek nach Wiluna führt, ist so eine Strecke. Auf alten Viehtriebsrouten verlaufen auch der **Birdsville Track** von Marree in Southern Australia nach Birdsville in Queensland (517 km) und, ebenfalls in Southern Australia, der 460 Kilometer lange **Strzelecki Track** von Lyndhurst nach Innamincka. Der **Oodnadatta Track** hingegen, von Marree nach Marla (645 km), folgt der alten Eisenbahnstrecke Adelaide-Alice Springs und ist eine Alternative zum Stuart Highway. Nördlich von Alice Springs zweigt der **Tanami Track** vom Stuart Highway ab und führt über 1000 Kilometer durch eine der trockensten Wüstenregionen des Kontinents bis Halls Creek am Südrand der Kimberleys.

Kimberley

Mit rund 420 000 Quadratkilometern ist die Region im tropischen Nordwesten Australiens größer als Deutschland und die Schweiz, aber weitgehend unerschlossen. Überall trifft man in Höhlen und Schluchten auf Felsmalereien der Aborigines. In der Regenzeit (Dez.–März/April) verwandeln sich die nahezu ausgetrockneten Flussläufe, die das Land in Jahrmillionen geformt haben, in mächtige Ströme und machen viele Wege unpassierbar. Beste Reisezeit ist von Mai bis Juli, wenn die Temperaturen erträglich sind (tagsüber 30–33, nachts 14–18 Grad). Nur in der Trockenzeit (April–Okt.) kann man auf der **Gibb River Road** quer übers Kimberley Plateau fahren: 660 Kilometer von Derby nach Kununurra über rote Staubpisten. Infos über den **Straßenzustand** unter **Tel. 1800-013 314** (gebührenfrei) und **www.mrwa.wa.gov.au**. An der Route liegen mehrere Servicestationen und Campingplätze. Unterkunft bietet auch die Rinderfarm **Mount Elizabeth Station** etwa auf halber Strecke. Geführt wird sie von Pat und Peter Lacy, die hier seit 1946 wohnen (**Tel. 08-9191 4644, www.holiday-wa.net/station.htm**, Camping 12 AUD, DZ mit Vollpension 160 AUD). Auf dem **Great Northern Highway** erreicht man rund 250 Kilometer südlich von Kununurra den nur mit Geländewagen passierbaren **Purnululu National Park**. Seine an Bienenstöcke erinnernden Sandsteinformationen, die orange-braun gestreiften **Bungle Bungles**, sind seit 2003 Weltnaturerbe. Am eindrucksvollsten ist ihr Anblick aus der Luft – Rundflüge veranstaltet **Alligator Airways** ab Kununurra (**Tel. 08-9168 1333, www.alligatorairways.com.au**, ab 235 AUD).

Schlafen unter Tage: Die erleuchtete Tür in PJ's Underground B & B führt direkt zur Opalmine

MAM

Foto: Martin Schymanski

NINGALOO REEF

ANREISE: Der Ningaloo Marine Park erstreckt sich über 260 Kilometer parallel zur Küste der North West Cape Peninsula (siehe Seite 76). Nur zwei winzige Orte existieren auf der Halbinsel: **Coral Bay** und das rund 150 Kilometer nördlich gelegene **Exmouth**, zu erreichen von Perth per Bus oder täglich mit dem Flugzeug (Flughafen Learmonth, ca. 40 km südl. Exmouth). Vor Ort ist ein Mietwagen unentbehrlich.
UNTERKUNFT: Das Angebot ist übersichtlich. Wer nicht zelten will, findet in beiden Orten auch einige Hotels. Einen Überblick gibt das **Exmouth Visitor Centre** (Tel. 08-9949 1176, www.exmouth-australia.com).
Eine gute Option ist beispielsweise das außerhalb von Exmouth auf dem Gelände einer ehemaligen Navy-Basis gelegene **Sea Breeze Resort**: Die deutschen Inhaber haben die Offiziersquartiere in gemütliche Zimmer umgewandelt, in denen nur noch die riesigen Klimaanlagen an alte Zeiten erinnern (Tel. 08-9949 1800, www.seabreezeresort.com.au).
DAS RIFF ERKUNDEN: Einige der schönsten Strände zum Schnorcheln wie **Turquoise Bay** oder **Oyster Stacks** sind von Exmouth aus über asphaltierte Straßen erreichbar, die Korallen liegen nur ein paar Meter vom Strand entfernt. Zu den vollkommen unberührten Stränden weiter im Süden kommt man nur mit einem Wagen mit Allradantrieb.
Für Urlauber in Coral Bay lohnt es sich, einen **Bootsausflug** zu den küstenfernen Riffabschnitten zu buchen, wo man auf Manta-Rochen, Riffhaie, Meeresschildkröten, Delfine und Barrakudas trifft (Tagestour mit Coral Bay Adventures: 115 AUD, Tel. 08-9942 5955, www.coralbayadventures.com.au).

Dafür schwärmen Taucher: Ningaloo Reef

Wer zwischen März und Juni zum Ningaloo Reef kommt, hat darüber hinaus die Chance, mit **Walhaien** zu schwimmen. Bootstouren ab Exmouth bieten z. B. Exmouth Diving Center (Tel. 08-9949 1201, www.exmouthdiving.com.au) und Ningaloo Reef Dreaming (Tel. 08-9949 4777, www.ningaloo dreaming.com); Preis: um 300 AUD. Bekommen Sie keinen Walhai zu Gesicht, werden Sie kostenfrei auf die nächste Tour gebucht.
Touristen können mithelfen, die Rätsel um den größten Fisch der Erde zu lösen: Ein Forscherteam um den Meeresbiologen Brad Norman hat im Internet eine Datenbank angelegt, **www.whaleshark.org**, in der Fotografien von Walhaien aus aller Welt gesammelt und miteinander verglichen werden, um einzelne Tiere eindeutig zu identifizieren. Ein neues Computerprogramm ermöglicht es seit kurzem, auch Fotos von einfachen Urlauber-Kameras zu nutzen. Sollte genau „Ihr" Walhai wieder aufkreuzen, werden Sie per E-Mail informiert.

VON DER NATIONALEN LEIDENSCHAFT

Mehr als zwei Drittel der Australier leben nicht weiter als eine Stunde vom Meer entfernt, was aber kaum für Gedrängel sorgt, denn der Fünfte Kontinent lockt mit unverschämt vielen Stränden: über 11 000

Karawane am Meer: Kamele tragen Urlauber am Cable Beach bei Broome

Auf diese hohe Zahl von Stränden jedenfalls kam Prof. Andrew Short von der Universität Sydney, nachdem er 17 Jahre lang jeden Sandstreifen untersucht hatte. Die Mehrzahl hat nicht einmal einen Namen, nur die Hälfte ist per Auto erreichbar, weshalb Short sich zu seinen Recherchen über Strömungen, Wellen und Gezeiten auch per Flugzeug und Boot aufmachte. GEO Special hat 15 der schönsten Strände ausgewählt.

New South Wales

BYRON BAY: Der östlichste Punkt des australischen Festlandes war in den 1960er Jahren einer der ersten Surf-Orte Down Under und ein Mekka für Rucksackreisende. Heute allerdings sind in dem Städtchen fast mehr gut situierte Sydneysider und Touristen zu treffen als Hippies und Longboarder. Der solide „pointbreak" vor **The Pass**, wo die Welle um eine Landzunge herum bricht, ist dennoch unbedingt einen (oft bis zu 300 Meter langen) Ritt wert.

BONDI BEACH: Australiens bekanntestes Sandstück ist 1000 Meter lang und nur eine halbe Stunde entfernt von Sydneys Oper. Kein Naturidyll, sondern ein **Stadtstrand** voller Dynamik und Gegensätze, den sich Surfer und Schwimmer mit Joggern, Skateboardern und Backpackern teilen. Für Sicherheit sorgen Hainetze, an 365 Tagen im Jahr hauptamtliche Lifeguards und an Wochenenden gleich zwei Lebensretterclubs. Bondi (sprich „Bonn-dai") ist ein Ausdruck der Aborigines und bedeutet „Geräusch sich brechender Wellen". Tipp: den Start eines der zahlreichen Volksschwimmen beobachten, etwa den **Roughwater Swim** (zweiter Sonntag im Januar).

PEBBLY BEACH: Zwischen Ulladulla und Batemans Bay, zehn Kilometer Schotterstraße östlich vom Princes Highway, wurde der Mythos des „surfenden Kängurus" geboren. Und zwar dank des Fotos von einem Beutler in den Wellen (in die er vermutlich von einem Hund gejagt wurde). Die frei lebende **Kolonie zahmer Kängurus** zwischen Zeltplatz, üppig bewaldeten Hängen und Meer ist nicht nur für Kinder eine Attraktion. Häufige Gäste sind außerdem Papageien, Austernfischer, Delfine

Mission Beach: Hier trifft Regenwald auf Sandstrand

SICHERHEIT
An den 300 bewachten Stränden des Landes weisen Schilder wie **Dangerous current** (gefährliche Strömung) und Flaggen darauf hin, welche Bereiche sich zum Baden eignen. Sicher ist es, zwischen den gelb-roten Flaggen zu schwimmen – **Swim between the flags.** Strömungen ziehen niemanden in die Tiefe, sondern tragen Schwimmer hinaus aufs Meer. Wer in einen solchen **Rip** gerät, sollte nie versuchen, gegen ihn zu schwimmen, sondern etwa 20 Meter parallel zum Strand und dann mit den brechenden Wellen zurück zum Ufer. An den seichteren Stränden im Norden bedrohen eher die Meeresbewohner den Badespaß: **Salzwasserkrokodile** leben in den Gewässern des Northern Territory sowie im Norden Queenslands und Westaustraliens – und zwar nicht nur im Meer, sondern auch in Flussmündungen und Tümpeln. „Marine Stingers" wie der beinahe durchsichtige **Box Jellyfish**, eine Würfelqualle mit bis zu drei Meter langen giftigen Tentakeln, sind im australischen Sommer vor den Küsten Nordaustraliens zu finden. Im Northern Territory dauert die Box-Jellyfish-Saison von August bis Juni, nördlich von Cairns von Ende Oktober bis Juni, im übrigen Nordqueensland von November bis Mai. **Erste Hilfe**: mit Essig einreiben und sofort ärztliche Hilfe suchen, es gibt ein Gegengift.

und Seeadler. Hunde sind inzwischen verboten.

LONG BEACH: Der stille Strand bei Eden im Süden des Bundesstaates liegt im **Ben Boyd National Park** mit seinen zerklüfteten Felsen in Ocker, Rot und Gelb, blitzsauberen Buchten und Wanderwegen durch üppige Küstenvegetation. In der Zeit von Ende September bis Ende November besteht die Aussicht, Wale zu sehen. Zufahrt über eine kurze Schotterpiste vom Princes Highway.

Tasmanien

WINEGLASS BAY: Selbst im Sommer muss kälteerprobt sein, wer hier länger als zehn Minuten badet, aber dafür ist Wineglass Bay ein uneingeschränkter Genuss fürs Auge: Geformt wie ein perfekter Halbmond, friedlich, weil mitten im **Freycinet National Park** gelegen, ist der Strand zu Recht der meistfotografierte der Insel. Zugang ab Freycinet Drive (Coles Bay) über einen abwechslungsreichen Wanderweg (2 Std.).

Victoria

BELLS BEACH: Kein schöner Strand, aber gute, nach rechts brechende Wellen an dem auch „Surfcoast" genannten Abschnitt der **Great Ocean Road** östlich von Torquay. Ostern trifft sich in Bells seit 1973 die Surf-Elite zur ältesten aller Wellenreiter-Meisterschaften, dem **Rip Curl Pro**. Für Surf-Neulinge eignen sich die nahen Strände von Anglesea oder Torquay besser.

Western Australia

MARGARET RIVER COAST: Zwischen **Cape Naturaliste** und **Cape Leeuwin** plagt Surfer die Qual der Wahl – so viele Strände mit perfekten Wellen und reizvoller Umgebung markieren diesen Küstenstreifen. Vor allem im Frühjahr und Herbst schaffen kraftvolle „swells" (Dünung) und ablandige Winde erstklassige Bedingungen. Anfänger finden in den diversen „breaks" (Spots, an denen die Wellen brechen) ebenso gute Möglichkeiten wie erfahrene Wellenreiter.

Stadtstrand von Sydney: Lebensretter am Bondi Beach

PARAKEET BAY: Extrem klares Wasser und eine immense Artenvielfalt der tropischen Fische und Korallen zeichnen die von Felsen und Sand gesäumte kleine Bucht im Norden von **Rottnest Island** aus. Anreise per Fähre ab Perth (ca. 1 Std.) oder Fremantle (ca. 30 Min.). Auf der 1900 Hektar großen Insel gibt es keine Autos, aber Busse und Leihfahrräder.

SHELL BEACH: Der über 100 Kilometer lange Küstenstreifen besteht ausschließlich aus kleinen Muscheln, die sich bis zu zehn Meter übereinander schichten. Shell Beach ist Teil der als Unesco-Weltnaturerbe geschützten **Shark Bay**; deren weitere Attraktionen die Stromatolithen (pilzförmige Kalkablagerungen) von **Hamelin Pool** und die Seekühe von **Eagle Bluff** sind.

CABLE BEACH: Der weiße, feinsandige Strand bei **Broome** schwingt sich 22 Kilometer lang zwischen dem Indischen Ozean und den in der Ferne rötlich leuchtenden Felsen des Outback dahin. Tropisches Klima verführt zum Nichtstun. Wer in den Stunden vor Sonnenuntergang dennoch rastlos werden sollte, kann Fallschirmspringen oder auf Kamelen reiten. Am Nordrand ist FKK erlaubt.

Umgeben vom größten Korallenriff der Erde: Heron Island

Queensland

KIRRA POINT: Die beste Welle der Welt – sagen die Queenslander und schwärmen vom „Supertube Magic", dem rasanten Tunnel, den vor allem der „First Groyne" genannte Spot produziert. Der Superlativ und die Lage an der **Gold Coast** südlich von Brisbane sind Garant dafür, dass hier keiner allein surft. Anfänger sollten zugucken.

LADY MUSGRAVE ISLAND: Unbewohnte Koralleninsel im südlichen **Great Barrier Reef** voller Palmen und Seevögel. Die riesige Lagune ist auch für Tieftauch-Anfänger ideal. Erreichbar per Tagestour ab Bundaberg, Seventeen Seventy oder Agnes Water.

HERON ISLAND: Urlauber und Meeresbiologen teilen sich das winzige Eiland im Great Barrier Reef mit Schildkröten, Reihern und Seeschwalben. Direkt vom Strand aus kann man in die Lagune gleiten und im tropisch warmen Wasser über Fischen, Muscheln und Korallen treiben. Diverse **Tieftauchreviere** sind nur 15 Bootsminuten entfernt. Zu schade für eine Tagestour, Übernachtung im **Heron Island Resort**. Anreise per Schiff ab Gladstone (2 Std.).

WHITEHAVEN BEACH: Weißer Quarzsand, Palmen und türkisfarbenes Wasser vor Augen und eine unbewohnte Insel im Rücken: Whitehaven auf **Whitsunday Island** kommt dem Klischee vom „Traumstrand" so nah wie kein anderer Strand. Zu erreichen im Rahmen einer Tagestour, z. B. vom benachbarten Hamilton Island oder von Airlie Beach, dem Ausgangspunkt vieler Touren ins Great Barrier Reef.

MISSION BEACH: Die Luft flirrt, den Horizont dekorieren ein paar Mini-Inseln, es ist still, und wenn ein **Helmkasuar** (siehe Seite 6) aus dem angrenzenden Regenwald über den Strand spaziert, war schon eine Menge los. Baden kann man von Juni bis September oder hinter Quallen-Netzen; stundenlang am Strand Ruhe tanken: das ganze Jahr. Rund drei Autostunden nördlich von Townsville.

LEKTÜRE-TIPP
Bernd L. Nepomuck: Tasmanien: Overland Track Outdoor-Handbuch Band 51, Conrad Stein Verlag, 2. Aufl. 2005, 12,90 €. Viel Wissenswertes im handlichen Format: Reisevorbereitung, detaillierte Streckenbeschreibung samt Nebenrouten.

WEBSITE
www.john.chapman.name Der australische Bushwalking-Experte beschreibt Wanderungen in allen Bundesstaaten Australiens und liefert Informationen zu 18 Fernwanderwegen. Dazu Ausrüstungstipps, Literaturempfehlungen und viele Links.

NATIONALPARKS
Über Bushwalks und Bushcamping in den australischen Nationalparks informiert die Parkverwaltung des jeweiligen Bundesstaates: **www.nationalparks.nsw.gov.au** (New South Wales), **www.parkweb.vic.gov.au** (Victoria), **www.environment.act.gov.au** (Australian Capital Territory), **www.parks.tas.gov.au** (Tasmanien), **www.environment.sa.gov.au/parks** (South Australia), **www.naturebase.net** (Western Australia), **www.nt.gov.au/ipe/pwcnt** und **www.deh.gov.au/parks** (Northern Territory), **www.epa.qld.gov.au** (Queensland).

Autoren des Reise-Service
Lars Abromeit, Tina Ahrens, Agnes Bretting, Anne Dehne, Elfi H. M. Gilissen, Julica Jungehülsing

FREIHEIT IM RUCKSACK

»Bushwalking« ist in Australien keine neue Sache: Die Aborigines wandern seit Urzeiten von Ort zu Ort – das hat bis heute nichts von seiner Faszination verloren

Vor dem Marsch: Frühstücksvorbereitungen am Larapinta Track

Da die australische Wildnis tatsächlich Wildnis ist, also einsam und unerschlossen, und die Markierungsdichte nicht wie in Europa, sollte man sich vor dem Losmarschieren besonders gut informieren. GEO Special hat drei der schönsten Langstreckenwanderungen ausgewählt.

Overland Track

Im Herzen Tasmaniens führt der Pfad durch die alpine Region des **Cradle Mountain-Lake St. Clair Nationalparks** (siehe auch Reportage auf S. 112). Für die **80 Kilometer** lange Strecke von **Ronny Creek** im Cradle Valley bis zur **Cynthia Bay** am Südende des Lake St. Clair braucht man **mindestens 7 Tage**. Mit 11 Tagen sollte kalkulieren, wer auch die Nebenrouten erkunden will, die zu idyllischen Bergseen und Wasserfällen führen oder auf den Mt. Ossa, Tasmaniens höchsten Gipfel (1617 m). Zum Start am Cradle Mountain sowie vom Ziel am Lake St. Clair gibt es tägliche Busverbindungen von und nach Launceston, Devonport und Hobart. Fahrpläne und Reservierung bei **TassieLink** (Tel. 03-6230 8900, Fax 6231 6090, www.tassielink.com.au). Auf dem Track nicht benötigtes Gepäck wird vom Busunternehmen am Zielort (Derwent Bridge Hotel) gelagert, niemand braucht also zum Ausgangspunkt zurückzukehren.
Seit Juni 2005 müssen Wanderer in der Hauptsaison vom **1. Nov. bis 30. April** den Starttermin für ihre Tour reservieren: Gebühr **100 AUD** pro Person (zuzüglich 30 AUD Nationalpark-Eintritt). In diesem Zeitraum darf man den Overland Track ausschließlich von Norden nach Süden begehen. Details beim **Parks and Wildlife Service** (Overland Track Bookings, Hobart, Tel. 03-6233 6047, www.overlandtrack.com.au).
Entlang der Strecke finden sich sechs einfache, unbewirtschaftete **Schutzhütten** sowie einige Notunterkünfte. Trotzdem ist es unerlässlich, das **eigene Zelt** dabeizuhaben, das zudem bei Schlechtwettereinbruch unterwegs Schutz bietet. Auch sämtliche Verpflegung muss mitgeführt werden, dazu Kocher und Brennstoff; Lagerfeuer im Park sind nicht erlaubt.
Wer sich lieber kundigen Führern anvertraut: **Tiger Trails Ecotours** (45 Goulburn St., West Hobart, Tel. 03-6234 3931, www.tasmaniawalks.com) bietet eine 8-tägige Wanderung mit Übernachtung in Zelten und Verpflegung für 1299 AUD.
Ein wenig Luxus genießt, wer bei **Cradle Mountain Huts** (170 Leighlands Rd., Evandale, Launceston, Tel. 03-6391 9339, www.cradlehuts.com.au) bucht: Dem Veranstalter gehören die einzigen privaten Hütten am Overland Track: Im Preis von 2195 AUD sind heiße Duschen, Drei-Gänge-Menüs und Doppelzimmer inbegriffen.

Larapinta Trail

Der Track beginnt an der historischen Telegrafenstation von Alice Springs und führt westwärts – „Songlines" der Aborigines folgend – über die Bergrücken der **West Macdonnell Ranges** und durch Sandsteinschluchten wie Simpsons Gap, Standley Chasm und Ormiston Gorge, die sich tief in den roten Fels gesägt haben. Ziel der Wanderung ist der 1380 Meter hohe Mt. Sonder. Entlang der 223 Kilometer langen Strecke gibt es **keinerlei Versorgungsstellen**; die zwölf Etappen, teils zwei Tagesmärsche lang, sind lediglich mit einfachen Zeltplätzen und Wassertanks ausgestattet. Eine Herausforderung für erfahrene Wanderer. Beste Trekkingzeit sind die kühleren Monate April–September.
Es ist ratsam, sich einem erfahrenen australischen Veranstalter anzuschließen: **World Expeditions** (Tel. 02-8270 8400, www.worldexpeditions.com.au) organisiert 14-tägige Bushwalks über die gesamte Distanz („End to End", 2990 AUD).
Wer den Larapinta Trail oder einzelne Abschnitte auf eigene Faust in Angriff nehmen will, sollte sich vor der Wanderung unbedingt bei der **Parks & Wildlife Commission** in Alice Springs (Tel. 1300-650 730, www.nt.gov.au/ipe/pwcnt) anmelden. Die dafür erforderliche Kaution (50 AUD, per Kreditkarte) wird nach Rückkehr erstattet. Falls man sich nicht innerhalb der vereinbarten Zeit zurückmeldet, wird ein Suchtrupp ausgeschickt.

Bibbulmun Track

50 bis 60 Tage – so lange braucht man für den 963 Kilometer langen Fernwanderweg von Perth nach Albany in Western Australia. Wer nicht so viel Zeit hat, kann das Wandererlebnis auf einzelne Etappen beschränken: etwa die Strecke von **Kalamunda**, einem Vorort von Perth, nach **Dwellingup** (204 Kilometer, 11–15 Tage) oder den 115 Kilometer langen Abschnitt zwischen Walpole und Denmark im **Walpole-Nornalup-Nationalpark** an der Südküste (8–10 Tage).
Der Track ist durchgehend **gut markiert**. In Abständen von zehn bis 20 Kilometern liegen einfache **Schutzhütten** (Wassertank, Plumpsklo, Zeltplatz). Das notwendige Kartenmaterial kann man über die **Bibbulmun Track Foundation** (862 Hay St., Perth, Tel. 08-9481 0551, www.bibbulmuntrack.org.au) bestellen. Die gemeinnützige Organisation veranstaltet auch kürzere Gruppenwanderungen, bei denen man das (Über-)Leben im Busch lernt. Alternativ lassen sich über die Website (unter „Travel & Supplies: Bibbulmun Walking Breaks") individuelle Wandertouren buchen.

Nach dem Marsch: Schuhe bei der wohlverdienten Erholung

Profil

AUSTRALISCHE SCHICKSALSTAGE

Die Geschichte des Landes ist einzigartig – nicht nur, weil sie gleich zweimal begann

Heilige Stätte: Felsgravierungen der Aborigines in Ewaninga, 39 Kilometer südlich von Alice Springs

◆ **Vor schätzungsweise 60 000 Jahren** entdecken die ersten Menschen den fünften Kontinent. Sie kommen vermutlich mit Booten aus Südostasien, das damals nur eine schmale Meerenge von Australien trennt, und betreten ein reich bewaldetes Land, bevölkert von Riesenkoalas und acht Meter langen Schlangen. Im Laufe der Jahrtausende breiten sich die Aborigines über den ganzen Kontinent aus. Sie leben in Gruppen von 100 bis 1500 Menschen, ohne Häuptling und individuelles Eigentum. Auf Felsen malen sie ihr eigenes Bild von der Vergangenheit, von einer Traumzeit, in der die Ahnen jedem Flusslauf, jedem Baum, jedem Ding einen Namen gaben und so die Welt ins Dasein sangen.

So soll es gewesen sein: Gouverneur Arthur Phillip gründete 1788 im heutigen Sydney die erste australische Kolonie

◆ **Am 26. Januar 1788** gehen in einer Bucht, die man bald Sydney Harbour nennen wird, 736 Sträflinge von Bord britischer Schiffe. Die 188 Frauen und 548 Männer, meist Diebe und andere Kleinkriminelle aus London, werden begleitet von Marinesoldaten und deren Familien. Sie sind die ersten weißen Siedler – dazu verdammt, die fremde Welt für die britische Krone zu kolonisieren. Doch schon bald ist der Proviant verzehrt, das mitgebrachte Saatgut im kargen Boden verdorrt. Gouverneur Arthur Phillip bemüht sich, die Schwäche der Weißen vor den Ureinwohnern der Bucht zu verbergen, bewirtet einen von ihnen fürstlich und lässt sogar eine Hütte für ihn errichten. Erst nach Ankunft der nächsten Flotte 1790 beginnt sich die Lage der Siedler zu bessern. Über 160 000 Häftlinge werden die Briten bis Mitte des 19. Jahrhunderts nach Australien verbannen. Heute sind Australier stolz darauf, einen Sträfling der „First Fleet" unter ihren Ahnen zu haben.

◆ **3. Dezember 1854** Im Morgengrauen erstürmen rund 300 Regierungssoldaten nahe der Stadt Ballarat eine Barrikade, hinter der sich 150 Goldgräber verschanzt haben. 30 Rebellen und fünf Soldaten sterben – nach einer Viertelstunde ist der einzige blutige Konflikt in der Geschichte Australiens zwischen der Staatsmacht und den Siedlern beendet. Seit den ersten Goldfunden 1851 strömten Tausende Immigranten ins Land. Die Goldgräber hinter der „Eureka-Barrikade" stammen aus 19 Nationen – und gewinnen am Ende doch noch: Ein Gericht spricht sie vom Vorwurf des Hochverrats frei. Bald darauf schafft die Regierung verhasste Gebühren für Schürflizenzen ab und verleiht den Gräbern das Wahlrecht.

Goldfieber: Ab 1851 lockten Funde tausende Siedler ins Land

◆ **Im Dezember 1859** lässt sich der passionierte Jäger Thomas Austin zwei Dutzend Kaninchen aus England nachschicken und verursacht damit die größte Plage der australischen Landwirtschaft, so die Legende. Wahrscheinlich werden auch anderswo Kaninchen ausgesetzt, denn viele Kolonisten importieren begeistert europäische Flora und Fauna. Ohne natürlichen Feind breiten sich die Nager rasant aus. Seit 1904 versucht die Regierung, das Problem mit Zäunen und vergifteten Karotten einzudämmen. Doch ohne Erfolg. 1950 gelingt es Wissenschaftlern erstmals, mit einem Virus die Kaninchen-Population fast auszurotten. Mittlerweile gibt es wieder rund 300 Millionen Tiere, die meisten sind gegen das Virus resistent.

Invasion: Einmal aus Europa eingeführt, verbreiteten sich Kaninchen explosionsartig

AUSTRALIEN KOMPAKT *Der große Kontinent auf kleinem Raum*

DAS LAND

→ **Fläche:** 7 692 030 km² (Europäische Union 3 974 879 km²)

→ **Bevölkerungsdichte:** 2,6 Einwohner/km²

→ **Hauptstadt:** Canberra (323 004 Einw.)

→ **weitere Städte:** Sydney (4,2 Mio.), Melbourne (3,6 Mio.), Brisbane (1,7 Mio.), Perth (1,4 Mio.), Adelaide (1,1 Mio.)

→ **Verwaltung:** 6 Bundesstaaten (New South Wales, Victoria, Queensland, South Australia, Western Australia, Tasmania), 2 Territorien (Northern Territory, Australian Capital Territory).

→ **Fauna:** 80 % der Säugetierarten, 47 % der Vögel, 89 % der Reptilien und ca. 90 % der Insekten und Spinnentiere sind einzigartig in der Welt.

DIE MENSCHEN

→ **Einwohner:** 20,3 Mio. (Deutschland: 82,6 Mio.)

→ **Herkunft:** ca. 95 % Europäer, 1,3 % Asiaten, 2,2 % indigene Bevölkerung. Über 1,3 Millionen Australier haben mindestens einen deutschen Vorfahren.

→ **Zuwanderung:** durchschnittlich 91 000 Immigranten jährlich, zuletzt vor allem aus Neuseeland, Großbritannien, China.

→ **Geburtenrate:** 1,8 Kinder pro Frau (Deutschland: 1,3).

WIRTSCHAFT

→ **Bruttoinlandsprodukt:** 30 623 US $/Einw. (Deutschland: 33 279 US $/Einw.)

Populäre Parade: Am Anzac-Tag gedenken Australier der Schlacht von Gallipoli

◆ **1. Januar 1901** Nach zähen Verhandlungen schließen sich die sechs britischen Kolonien zum „Commonwealth of Australia" zusammen. Queen Victoria bleibt Oberhaupt des neuen Staates, doch bestimmt eine Bundesregierung die Zukunft des Kontinents. Bislang erließ jede Kolonie ihre eigenen Gesetze. Die regionalen Rivalitäten sind so groß, dass die Verfassungsväter weder Sydney noch Melbourne zur Hauptstadt machen, sondern am Reißbrett das „neutrale" Canberra erschaffen. Wesentlich leichter als für die Föderation lassen sich die Australier für ein Lied von Andrew Barton Paterson, genannt „Banjo", begeistern. Die Ballade erzählt von einem Schafdieb, der sich auf der Flucht vor Polizisten in einem Teich ertränkt, da ihm die Freiheit kostbarer ist als das Leben. Spätestens seit ein Teehändler 1902 die Rechte an dem Lied kauft und den Text seinen Teepackungen beilegt, tritt „Waltzing Matilda" einen Siegeszug als heimliche Hymne der jungen Nation an.

◆ **25. April 1915** Auch im letzten Winkel Australiens wird jedes Jahr am 25. April die Landung des „Australian and New Zealand Army Corps" (Anzac) auf der türkischen Halbinsel Gallipoli gefeiert. Das kann nicht am Ausgang der Operation liegen. Denn Churchills Plan, durch die Einnahme der Dardanellen den Ersten Weltkrieg zu entscheiden, wurde ein großer Fehlschlag, der 44 092 alliierten Soldaten, darunter 8709 Australiern, das Leben kostete. Der Mythos Gallipoli handelt vielmehr davon, wie neun Monate zermürbender Stellungskrieg junge Australier aus allen Teilen des Kontinents zu einer Nation zusammenschweißte, und wie die einstige Kolonie als ebenbürtiger Partner Britanniens auf dem Schlachtfeld ihr Sträflingsstigma abgestreift hat.

◆ **Am 27. Mai 1967** befürworten 90,7 Prozent der australischen Wähler, den Aborigines die vollen Bürgerrechte zu gewähren und sie künftig bei Volkszählungen zu berücksichtigen. Doch weiterhin werden Ureinwohner in Reservate verwiesen und Mischlingskinder mit staatlicher Zustimmung verschleppt. An die 100 000 Kinder bringt man gewaltsam in Heime oder als Dienstboten zu weißen Familien, um sie zu assimilieren. Seit 1997 ein Untersuchungsbericht die Leiden dieser „gestohlenen Generation" bekannt machte, warten Aborigines und mit ihnen die liberale weiße Öffentlichkeit auf eine Entschuldigung der Regierung. Doch Premierminister John Howard weigert sich stoisch.

◆ **Am 19. April 1984** wird das Ende von „God Save the Queen" besiegelt: Australien hat sich eine eigene Nationalhymne gegeben, „Advance Australia Fair". In den nächsten Jahren entfernt sich das Land weiter von London: Die Regierung unterrichtet Queen Elizabeth II., dass man eine Republik auszurufen gedenke. Überraschend stimmen 1999 jedoch 55 Prozent der Australier gegen die Abschaffung der Monarchie. Und so ist „God Save the Queen" offizielle Zweithymne geblieben, die bei königlichen Besuchen gespielt werden muss.

Gestohlene Generation: Der Film »Long Walk Home« erzählt von den in Missionsschulen verschleppten Kindern

◆ **13. Januar 2003** Die ersten von rund 2000 australischen Soldaten brechen in den Irak auf. Trotz heftiger Proteste im eigenen Land stellt sich Premierminister Howard voll hinter den von den USA propagierten „Krieg gegen den Terror". Als im Irak keine Massenvernichtungswaffen gefunden werden, gerät Howard auch im eigenen Lager unter Rechtfertigungsdruck. Dennoch wählen die Australier seine konservativ-liberale Regierung im Oktober 2004 mit deutlicher Mehrheit für eine vierte Amtszeit.

Oberhaupt: Lossagen von der Queen, hier mit Premier Howard, wollen sich die Australier (noch) nicht

→ **Arbeitslosenquote:** 5,1 % (Deutschland: 10,5 %)
→ **Haupthandelspartner:** Japan, China, USA. Australien exportiert vor allem Rohstoffe (Kohle, Eisenerz, Gold) und Rindfleisch.
→ **Landwirtschaft:** Australien ist einer der führenden Rind- und Schaffleischexporteure der Welt. Die größte Rinderfarm hat etwa die Fläche Belgiens. Das Land erzeugt die meiste Wolle und belegt Rang 4 unter den Weinexporteuren (Deutschland: Rang 8). Fast jeder 20. Erwerbstätige ist in landwirtschaftlichen Betrieben beschäftigt.
→ **Fremdenverkehr:** Rund 5 Millionen Besucher jährlich, darunter ungefähr 200 000 Deutsche, Österreicher und Schweizer. 5,7 % der Erwerbstätigen arbeiten im Tourismus-Sektor.

POLITIK
→ **Staatsform:** Parlamentarische Monarchie im Commonwealth. Es besteht Wahlpflicht.
→ **Regierung:** Premierminister John Winston Howard regiert seit 1996 mit einer Koalition aus Liberal Party und National Party.

UND ANSONSTEN ...
→ steht in neun von zehn australischen Speisekammern Vegemite, der Hefeextrakt-Brotaufstrich mit Kultstatus;
→ gibt ein Australier pro Jahr durchschnittlich 300 € für Sportwetten aus (Deutschland: 12 €).

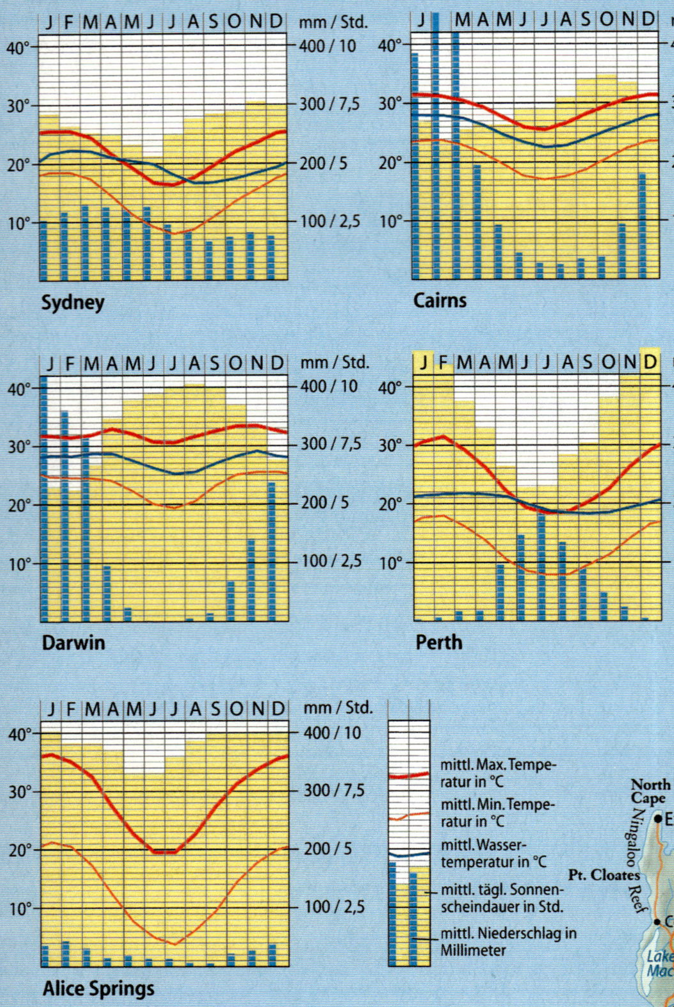
J F M A M J J A S O N D
mm / Std.
40°
30°
20°
10°
400 / 10
300 / 7,5
200 / 5
100 / 2,5
Sydney
Cairns
Hobart
Darwin
Perth
Alice Springs
mittl. Max. Temperatur in °C
mittl. Min. Temperatur in °C
mittl. Wassertemperatur in °C
mittl. tägl. Sonnenscheindauer in Std.
mittl. Niederschlag in Millimeter

GEO-Grafik

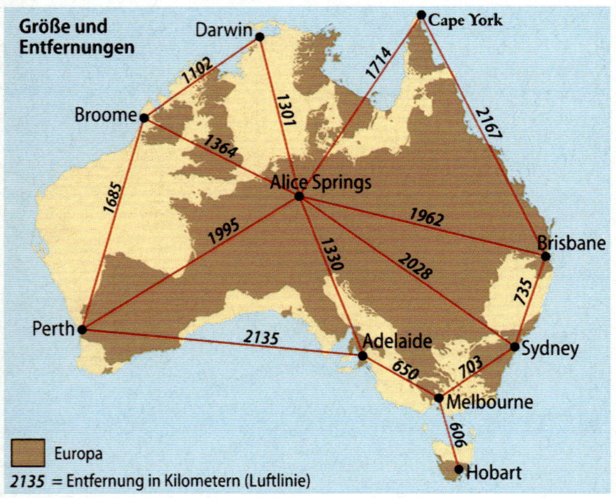
Größe und Entfernungen
Darwin
Cape York
Broome
Alice Springs
Brisbane
Perth
Adelaide
Sydney
Melbourne
Hobart
1102
1301
1714
2167
1364
1685
1995
1962
1330
2028
735
2135
650
703
606
Europa
2135 = Entfernung in Kilometern (Luftlinie)

Bass Strait
Flinders Island
Cape Barren I.
Banks Strait
Cape Grim
Smithton
Burnie
Ulverstone
Devonport
Arthur R.
St. Helens
Mount Ossa 1617 m
Launceston
Queenstown
Strahan
Cradle Mountain – Lake St. Clair N.P.
Freycinet National Park
Bridgewater
New Norfolk
TASMANIA
Hobart
Kingston
Southport
South Bruny I.
South West Cape
200 km

Timor Sea
C. Londonderry
C. Bougainville
Wyndham
Gibb River Road
INDISCHER OZEAN
Cape Leveque
Kimberley Plateau
Turkey Creek
Mt. Wells 983 m
Derby
King Leopold Ranges
Purnululu N.P. (Bungle Bungle)
Broome
Fitzroy Crossing
Halls Creek
Cherrabun
Eighty Mile Beach
Port Hedland
Goldsworthy
South Hedland
Great Sandy Desert
Dampier
Roebourne
Karratha
Marble Bar
Pannawonica
North West Cape
Canning Stock Route
Exmouth
Mount Bruce 1235 m
Hamersley Range
Ningaloo Reef
Pt. Cloates
Paraburdoo
Newman
Lake Disappointment
Coral Bay
Gibson Desert
Lake Macleod
WESTERN AUSTRALIA
Mount Augustus 1106 m
Carnarvon
Warburton
Shark Bay
Denham
Wiluna
Meekatharra
Useless Loop
Great Victoria
Murchison R.
Cue
Leinster
Mount Magnet
Sandstone
Laverton
Northampton
Leonora
Mullewa
Lake Carey
Geraldton
Paynes Find
Morawa
Lake Barlee
Dongara
Nullarbor
Kalgoorlie
Forrest
Cervantes
Coolgardie
Rawlinna
Pinnacles Desert
Kambalda
Moora
Southern Cross
Merredin
Wanneroo
Northam
PERTH
Norseman
Rottnest I.
Fremantle
Hyden
Rockingham
Dwellingup
Mandurah
Narrogin
Bunbury
Collie
Wagin
Ravensthorpe
Esperance
Great
Cape Naturaliste
Busselton
Broomehill
Margaret River
Manjimup
Cape Leeuwin
Denmark
Pemberton
Walpole
Albany
wichtige Eisenbahnlinie
Fernverkehrsstraße
sonstige Straße
Salzsee, Salzpfanne
Korallenriff

AUSTRALIEN

AUSTRALIEN
Melville Island
Cobourg Peninsula
Cape Wessel
Torres Strait
Thursday Island
Cape York
Howard Springs
Darwin
Jabiru
Arnhem Land
Nhulunbuy
Litchfield N.P.
Cooinda
Kakadu National Park
Adelaide River
Duyfken Point
Weipa
Pine Creek
Angurugu
Groote Eylandt
Gulf of Carpentaria
Great
Katherine
Roper R.
Ngukurr
Cape
Coen
Cape Melville
PAZIFISCHER OZEAN
Mataranka
York
Sir Edward Pellew Group
Peninsula
Lizard Island
Kununurra
Kowanyama
Lake Argyle
Daly Waters
Borroloola
Mornington I.
Mitchell River
Cooktown
Coral Sea
Top Springs
Dunmarra
Mossman
Port Douglas
Kalkarindji
Mareeba
Cairns
Barrier
Stuart Highway
Burketown
Normanton
Atherton Tablelands
Aloomba
Innisfail
Croydon
Mission Beach
Georgetown
Hinchinbrook I.
Leichhardt R.
Flinders R.
Valley of Lagoons
Ingham
Tennant Creek
Camooweal
Townsville
NORTHERN TERRITORY
Tanami Road
Burdekin R.
Kajabbi
Julia Creek
Bowen
Mount Isa
Cloncurry
Charters Towers
Whitsunday Islands
Tanami Desert
Barrow Creek
Proserpine
Hughenden
QUEENSLAND
Lake Mackay
Ti-Tree
Reef
Yuendumu
Mackay
Tilmouth Well
Winton
Macdonnell Ranges
Boulia
Moranbah
Papunya
Mt. Zeil 1510 m
Alice Springs
Kings Canyon
Clermont
Longreach
Barcaldine
Mackenzie R.
Yeppoon
Lake Amadeus
Emerald
Blackwater
Rockhampton
Blackall
Heron I.
Kata Tjuta (The Olgas) 1069 m
Yulara
Springsure
Erldunda
Gladstone
Uluru (Ayers Rock) 868 m
Windorah
Biloela
Lady Musgrave Island
Kulgera
Simpson Desert
Moura
Birdsville
Bundaberg
Dividing Range
Fraser I.
Adavale
Innamincka Regional Reserve
Hervey Bay
Taroom
Marla
Quilpie
Charleville
Maryborough
Roma
Mitchell
Gympie
Desert
SOUTHERN AUSTRALIA
Miles
Glasshouse Mountains National Park
Caloundra
Lake Eyre North -16m
Innamincka
Dalby
Redcliffe
Oodnadatta Track
Birdsville Track
Thargomindah
Eulo
Cunnamulla
St. George
BRISBANE
Coober Pedy
Toowoomba
North Stradbroke I.
Ipswich
Hungerford
Goondiwindi
Surfers Paradise
Strzelecki Track
Marree
Tibooburra
Lightning Ridge
Warwick
Stuart Highway
Byron Bay
Plain
Maralinga
Wanaaring
Moree
Lyndhurst
Ballina
Leigh Creek
Casino
Cook
Tarcoola
Lake Frome
Bourke
White Cliffs
Walgett
Narrabri
Glen Innes
Grafton
Woomera
Flinders Ranges
Darling River
L. Everard
Lake Torrens
Range
L. Gairdner
Armidale
Eucla
Wilpena
Broken Hill
Wilcannia
Coonamble
Penong
Coffs Harbour
Hawker
Cobar
Ceduna
Barrier Hwy
Coonabarabran
Port Augusta
Olary
Nyngan
Warren
Tamworth
Streaky Bay
Cape Blanche
NEW SOUTH WALES
Peterborough
Whyalla
Dubbo
Port Macquarie
Port Pirie
Ivanhoe
Dividing
Muswellbrook
Tuncurry
Condobolin
Australian Bight
Wallaroo
Murray River
Singleton
Morgan
Newcastle
Lake Cargelligo
Orange
Bathurst
Spencer Gulf
Wyong
Mildura
Great
Port Lincoln
Gawler
Renmark
Griffith
Balranald
Hay
Campbelltown
SYDNEY
ADELAIDE
Mount Barker
Murray Bridge
Robinvale
Leeton
Wollongong
Kingscote
Ouyen
Pinnaroo
Swan Hill
Wagga Wagga
Goulburn
Flinders Chase National Park
Penneshaw
Nowra
Kangaroo I.
Keith
VICTORIA
Canberra
Tasman Sea
Dimboola
Shepparton
Wodonga
A.C.T.
Kingston
Batemans Bay
Bendigo
Snowy Mountains
Cooma
Naracoorte
Horsham
Wangaratta
Narooma
Seymour
Mt. Kosciusko 2228 m
200 km
Millicent
Hamilton
Sunbury
Mount Gambier
Eden
Ballarat
MELBOURNE
Geelong
Cape Howe
Portland
Barwon Heads
Bairnsdale
Warrnambool
Anglesea
Sale
Otway National Park
Apollo Bay
Wilsons Promontory
King I.
Bass Strait
PERTH über 1 Mio Einwohner
Albany 100 000 – 1 Mio Einwohner
Townsville 50 000 – 100 000 Einwohner
Gladstone 10 000 – 50 000 Einwohner
Leonora 1000 – 10 000 Einwohner
Pine Creek unter 1000 Einwohner
Canberra Hauptstadt Australien
Darwin Hauptstadt Bundesstaat, Territorium

LUDWIG II. – DAS RÄTSEL IST GELÖST

Acht Fragen zu Leben und Tod von König Ludwig II. haben wir in unserem GEO Special „Bayern" gestellt. Hier die Antworten:

1 VORHANG AUF

Lösung: Nymphenburg

Ludwig wurde am 25. August 1845 in Schloss Nymphenburg geboren. Nymphenburg blieb bis nach seinem Tod eine eigenständige Gemeinde und kam erst 1899 zu München.

2 DER SEE

Lösung: Residenz in München

Ludwig ließ sich auf die Hofgartenseite der Residenz eine riesige Glaskonstruktion setzen, den so genannten Wintergarten. Dort gab es unter anderem einen künstlichen See mit Kahn. Großgemälde mit Motiven wie dem Mogulspalast komplettierten die exotische Szenerie. Nach Ludwigs Tod wurde der Wintergarten abgerissen.

3 DER FILM

Lösung: Chitty Chitty Bang Bang

James-Bond-Autor Ian Fleming schrieb ein Kinderbuch über das fliegende Auto Chitty Chitty Bang Bang. Albert Broccoli, der Produzent der Agenten-Filme, ließ es 1968 mit Gerd Fröbe verfilmen, der als Bösewicht in Neuschwanstein residierte. Fröbe spielte auch in „Goldfinger" den Schurken. 007-Fans war noch eine zweite Figur in dem Kinderfilm vertraut: Desmond Llewelyn, Mister Q.

4 MEINE HERZENSDAME

Lösung: (Zarin) Maria Alexandrowna

Ludwig traf sich auf der Roseninsel im Starnberger See gern mit Sissi, alias Elisabeth, Kaiserin von Österreich, die im nahen Possenhofen aufgewachsen war. Aber auch die Kaiserin von Russland war Ludwigs Gast auf dieser Insel. Und nur sie war mit Ludwigs Raddampfer „Tristan" herübergekommen.

5 DIE NACHT

Lösung: Elektrizität

Ludwigs Schlitten war möglicherweise das erste elektrisch beleuchtete Fahrzeug überhaupt. Die Batterien befanden sich unten im Schlitten.

6 DIE OPER

Lösung: Hundinghütte

Die Hundinghütte aus Wagners Walküre ließ sich Ludwig bei Linderhof nachbauen. Wir zeigten also kein Bühnenbild im engeren Sinn, sondern eine Abbildung der realen Hütte. Sie steht heute im Linderhofer Schlosspark.

7 DER THRON

Lösung: Falkenstein

Das letzte Bauprojekt, das Ludwig begann, war der Falkenstein bei Pfronten, in Sichtweite von Neuschwanstein. Hier, auf kühnem Felsensporn, steht die höchstgelegene Burgruine Deutschlands. Ludwig wollte dort ein Ritterschloss errichten. Wir druckten einen ersten Entwurf. Zufahrtsstraße und Wasserleitung waren bereits gebaut, da versiegte das Geld. Ein Modell der geplanten Burg stand in Neuschwanstein, wo Ludwig festgenommen wurde.

8 DER ABSCHIED

Lösung: Sisi / Sissi / Kaiserin Elisabeth

Als Ludwig in Schloss Berg am Starnberger See interniert war, weilte seine alte Herzensfreundin Sissi gerade in Possenhofen auf der anderen Seite des Sees. Nach seinem Tod pflückte sie einen Strauß Jasmin für ihn. Dieser Strauß wurde dem aufgebahrten Ludwig in die Hand gelegt.

141 LESER HABEN DIE FRAGEN UNSERES KINI-RÄTSELS IM BAYERN-HEFT RICHTIG BEANTWORTET.

Die Hauptgewinner sind:

1. Preis: Die große Rajasthan-Reise für zwei Personen von Studiosus **Cordula Lünenschloss, Aachen**

2. Preis: Drei Nächte im 5-Sterne-Hotel Münchner Hof **Felix Lehnert, Saarlouis**

3. bis 5. Preis: je eine Olympus-Digitalkamera μ-mini **Mario Niklaus, Friedrichshafen; Katrin Winkler, Berlin; Adriano Giavi, München**

WIR GRATULIEREN.

GEO Special

Gruner + Jahr AG & Co KG, Druck- und Verlagshaus,
Am Baumwall 11, 20459 Hamburg.
Postanschrift für Verlag und Redaktion:
20444 Hamburg, Telefon 040 / 3703-0, Telefax 040 / 37 03 56 48.
E-Mail: briefe@geo.de; Internet: www.GEO.de

CHEFREDAKTEUR: Peter-Matthias Gaede

STELLVER. CHEFREDAKTEUR: Michael Schaper

GESCHÄFTSFÜHRENDE REDAKTEURE: Florian Hanig (Text), Ruth Eichhorn (Fotografie), Jutta Krüger (Art Direction)

ART DIRECTOR: Beate Meding

TEXTREDAKTION: Meike Kirsch, Brigitte Gajser (Reise-Service)

BILDREDAKTION: Bärbel Edse; Freie Mitarbeit: Marc Beckmann

DOKUMENTATION: Dr. Agnes Bretting, Andrea-Rebecca Flörke (Habitat, Reise-Service)

KARTOGRAPHIE: Rainer Droste; Freie Mitarbeit: Gunter Kaiser

SEKRETARIAT: Maren Heidorn, Elke Rehländer-Stöhr, Hella Strepp

HONORARE/SPESEN: Angelika Györffy

SCHLUSSREDAKTION: Hinnerk Seelhoff, Dirk Krömer
Assistenz: Hannelore Koehl

MITARBEITER DIESER AUSGABE: Lars Abromeit, Tina Ahrens, Dr. Susmita Arp, Barbara Baumgartner, Geraldine Brooks, Robyn Davidson, Anne Dehne, Nina Freydag, Elfi H. M. Gilissen, Jennifer Gruppenbacher, Christine Heidemann, Christian Jungblut, Julica Jungehülsing, Kerstin Kullmann, Dorothee Schwarz, Olaf Tarmas, Markus Wolff

GEO-BILDARCHIV: Bettina Behrens, Gunda Lerche, Gudrun Lüdemann, Peter Müller

VERANTWORTLICH FÜR DEN REDAKTIONELLEN INHALT: Peter-Matthias Gaede

REDAKTIONSBÜRO NEW YORK: Nadja Masri (Leitung), Brigitte Barkley, Wilma Simon; Katherine Clad (Sekretariat)
375 Lexington Avenue, New York, NY 10017-5514,
Tel. 212-499-8100, Fax 212-499-8105, E-Mail: geo@geo-ny.com

VERLAGSLEITUNG: Dr. Gerd Brüne, Ove Saffe
ANZEIGENLEITERIN: Anke Wiegel
VERTRIEBSLEITERIN: Ulrike Klemmer
MARKETINGLEITER: Jan-Piet Stempels
HERSTELLER: Oliver Fehling

ANZEIGENABTEILUNG
Anzeigenverkauf: Korinna Koschek,
Tel. 040 / 37 03 22 48, Fax 040 / 37 03 57 73
Anzeigendisposition: Marco Schütze,
Tel. 040 / 37 03 23 27, Fax 040 / 37 03 57 73
Es gilt die Anzeigenpreisliste Nr. 32 vom 1. 1. 2005
Bankverbindung: Deutsche Bank AG Hamburg,
Konto 0322800, BLZ 200 700 00
Druck: Prinovis Itzehoe GmbH & Co KG

GEO ist auf Papier gedruckt, das aus einem Drittel – ausschließlich chlorfrei gebleichtem – Zellstoff, aus einem Drittel Durchforstungsholz und einem Drittel Altpapier hergestellt ist
Printed in Germany

GEO-SPECIAL-LESERSERVICE

FRAGEN AN DIE REDAKTION
Telefon: 040 / 37 03 20 73,Telefax: 040 / 37 03 56 48
E-Mail: briefe@geo.de

ABONNEMENT- UND EINZELHEFTBESTELLUNG

ABONNEMENT Deutschland
Bestellungen
Gruner + Jahr AG & Co KG
GEO-Kundenservice
20080 Hamburg
Telefon: 01805 / 861 80 03
(12 Cent/Min.)

Heftpreis im Abonnement: 6,65 €
Kundenservice allgemein
Mo–Fr 7.30 bis 20.00 Uhr
Sa 9.00 bis 14.00 Uhr
Telefon: 01805 / 861 80 03
(12 Cent/Min.)
Telefax: 01805 / 861 80 02
(12 Cent/Min.)

ABONNEMENT ÖSTERREICH
GEO Special Abonnentenservice
Postfach 5, 6960 Wolfurt
Telefon: 0820 / 00 10 85
Telefax: 0820 / 00 10 86
E-Mail: geo-special@abo-service.at

ABONNEMENT SCHWEIZ
GEO Special Leserservice
Postfach, 6002 Luzern
Telefon: 041 / 329 22 20
Telefax: 041 / 329 22 04
E-Mail: geo-special@leserservice.ch

ABONNEMENT ÜBRIGES AUSLAND
GEOSpecial-Kundenservice, Postfach, CH-6002 Luzern;
Telefon: 041 / 329 22 80, Telefax: 041 / 329 22 04
E-Mail: geo-special@leserservice.ch

BESTELLADRESSE FÜR GEO-BÜCHER, GEO-KALENDER, SCHUBER ETC.

DEUTSCHLAND
GEO-Versand-Service
Werner-Haas-Straße 5
74172 Neckarsulm
Telefon: 01805 / 06 20 00
(12 Cent/Min.)
Telefax: 01805 / 08 20 00
(12 Cent/Min.)
E-Mail: service@guj.com

SCHWEIZ
GEO-Versand-Service 50/001
Postfach 1002,
CH-1240 Genf 42

ÖSTERREICH
GEO-Versand-Service 50/001
Postfach 5000,
A-1150 Wien

BESTELLUNGEN PER TELEFON UND FAX FÜR ALLE LÄNDER
Telefon: 0049-1805 / 06 20 00, Telefax: 0049-1805 / 08 20 00
E-Mail: service@guj.com

ISBN-Nr. 3-570-19562-7 ISSN-Nr. 0723-5194

Fotovermerke nach Seiten. Anordnung im Layout: l. = links, r.= rechts, o.= oben, m.= Mitte, u.= unten

Titel: Grenville Turner/The Right Image/Wildlight

Seite 3: Jürgen Freund: l. o. ; Franz Killmeyer: r. o.; Janin Stötzner: u.

Seite 4: Gerd Ludwig/Visum: o.; Clemens Emmler/laif: m.; Pablo Corral Vega: l. u.; Franz Killmeyer: r. u.

Seite 4/5: Ken Duncan

Seite 5: Richard Briggs/Canberra Times: o.; Jeff Rotman: m.; Voyages: u.

HABITAT
David Hancock/Agentur Anzenberger: 6 o.; John William Banagan/Getty Images: 6 m.; T.Kitching & V.Hurst/NHPA: 6 l. u.; Steven Siewert/AFR Picture/Fairfaxphotos: 6 r. u.; Marc Beckmann: 7 o.; Dave Watts: 7 u. Anthony Browell: 8 l. o. und r. o.; Reiner Blunck: 8 m. o.; Corbis: 8 l. m.; Rick Stevens/SMH News Picture/Fairfaxphotos: 8 r. m.; Tamara Dean/SMH News Picture/Fairfaxphotos: 8 l. u.; Fiona-Lee Quinaby/SMH News Picture/Fairfaxphotos: 8 r. u.

PORTFOLIO
Mark Laricchia/Corbis: 12/13; Olivier Grunewald: 14/15; Klaus Franke/Bilderberg: 16/17; Christian Heeb/laif: 18/19; Andrea Robinson/Wildlight: 20/21; Theo Allofs/Corbis: 22/23; David Doubilet: 24/25

ESSAY
Rick Smolan/Against All Odds Productions: 26, 27; Nick Cubbin/Oculi/Vu: 28

STÄDTE
Franz Killmeyer: 30/31, 34 l. o., 37 r., 38; R.Ian Lloyd/Masterfile: 32; Holger Leue/Look: 33 o.; Christian Heeb/laif: 33 l. u.; Gregor Lengler/laif: 33 r. u.; Daniele Mattioli/Agentur Anzenberger: 34 r. o.; Oliver Bolch/Agentur Anzenberger: 35; Clemens Emmler/laif: 36; Elio Loccisano/Agentur Anzenberger: 37 l.; Vincent Long: 40 l.; Gregor Lengler/laif: 40 r.

WASSERNOT
Bill Bachmann: 42, 43

ABORIGINES
Stephen Dupont/Contact/Agentur Focus: 44-51

WASSER
Narelle Autio/Oculi/Vu: 52-57 außer Trent Park/Magnum/ Agentur Focus: 53

IMMIGRATION
Angela Wylie/Fairfaxphotos: 58; Andrew de la Rue/Fairfax-photos: 59

OUTBACK-EXPRESS
Pablo Corral Vega: 60-68

NATIONALSPORT
Stephanie Wunderlich: 71-74

RIFF
Jeff Rotman: 76,77, 78 l. o., r. u., 79 u., 80 u., 80/81 o., 83 o.; Jürgen Freund: 78 l. u., 79 o., 80 m., 81, 82 o., 82 l. u., 83 m. und u., 82/83(Hintergrund); Fred Bavendam: 78/79 (Hintergrund); deepsea images: 80 l. o., 82 r. u.; David Doubilet: 80/81 (Hintergrund)

WHITE CLIFFS
Franz Killmeyer: 84-94; außer Meike Kirsch: 94 u.

WORKING HOLIDAY VISUM
Privat: 96-100

ILLEGALE FISCHEREI
Mal Fairclough/Reuters/Corbis: 102; Greenpeace: 103

HOTELS
Voyages: 104, 105, 108, 109 o., 110/111; Jürgen Freund: 106 o.; Crystal Creek Rainforest+Retreat: 106 u.; Daintree Eco Lodge&Spa: 107; Anne Nina Schmid: 109 u.

TASMANIEN
Gerd Ludwig/Visum: 112-120

REISE-SERVICE
Daniele Mattioli/Agentur Anzenberger: 122 o., 135; Theo Allofs/Corbis: 122 m. o., 138 u.; Jürgen Freund: 122 m. u., 140 m.; Mitsuaki Iwago/Minden Pictures: 122 u.; David Hancock/ Agentur Anzenberger: 123; Jordis Schlösser/Ostkreuz: 124; Olivier Grunewald: 126; Tina Hager/Agentur Focus: 128 o.; Holger Leue/Lonely Planet Images: 128 u.; Karl Johaentges/Look: 129, 136 o.; Franz Killmeyer: 130 o., 139; John Banagan/Lonely Planet Images: 130 u.; The Windsor: 131; Grant Dixon/Lonely Planet Images: 132; Chris Mellor/Lonely Planet Images: 133; Ross Barnett/Lonely Planet Images: 134 o.; J.Hauke/blickwinkel: 134 u.; Grenville Turner/Wildlight: 136 u.; Glenn Allison/Alamy: 137; Clemens Emmler/laif: 138 o.; Hugh Brown/Wildlight: 140 o.; Ralf Kreuels/laif: 140 u.; Carolyn Johns/Wildlight: 142 o.; Patrick Frilet/Agentur Focus: 142 u.; Tina Ahrens: 144

PROFIL
David Hancock/Agentur Anzenberger: 148 l. o.; Hulton Deutsch Collection/Corbis: 148 m.; Bettmann/Corbis: 148 u.; Gerd Ludwig/Visum: 149 l. o.; Cinetext: 149 r. o.;
Mark Baker/Reuters Pool: 149 u.

VORSCHAU
Nigel Francis/Robert Harding: 153 o.; Richard Davies/eyevine/ Agentur Anzenberger: 153 l. u.; Barry Lewis: 153 r. u.

INTERVIEW
Quest/Newspix: 154

KARTEN
Rainer Droste: 62, 115, 150/151

Fotovermerke **Rätsel GEO Special Bayern** vom 1. 6. 2005:
Bayerische Verwaltung der staatlichen Schlösser, Gärten und Seen, www.schloesser.bayern.de:
70 o., m., 71 m., 72 l. o. ; Bayerische Verwaltung der staatlichen Schlösser, Gärten und Seen, www.schloesser.bayern.de, Wittelsbacher Ausgleichfonds, München: 71 o., u.;
MGM Homeentertainment: 70 u.; aus: Die letzten Tage im Leben von König Ludwig II., EOS Verlag, St. Ottilien: 72 o. r.

Vorschau

Die Zugarme der Tower Bridge heben sich nur zwei- bis dreimal täglich. London selbst hat dagegen rund um die Uhr geöffnet

Bauklötze staunen: Der neue Mut der Architekten

In-Viertel seit 1960: Soho

Brit Art: Londons Aufstieg zur Kunstmacht

St. Martins: Die hohe Schule des Modedesigns

Olympia 2012: Wie sich die Stadt für die Spiele neu erfindet

Genuss: Ganz heiß auf Asiens scharfe Küche

Wimbledon: Der Fußball-Club der Underdogs

LONDON

London lässt sich nicht unterkriegen. Mit Selbstbewusstsein und Lebensfreude haben die Bewohner der englischen Hauptstadt bislang jedem Versuch getrotzt, sie mit Gewalt einzuschüchtern. Und so bietet die turbulente Sieben-Millionen-Metropole immer aufs neue das, was sie für Reisende zu der beliebtesten Stadt der Welt gemacht hat: trendsetzende Mode, spektakuläre Museen, aufregende neue Architektur – und britschen Charme, in allen Farben und Sprachen

Eine Stadt voller Prachtstücke: Der Kurator des Darwin Centre im Blickkontakt mit einem von 22 Millionen Exemplaren. Eine Stadt wie ein buntes Welttheater: die Einladung zu rund 140 Aufführungen täglich

Die zuletzt erschienenen Ausgaben:

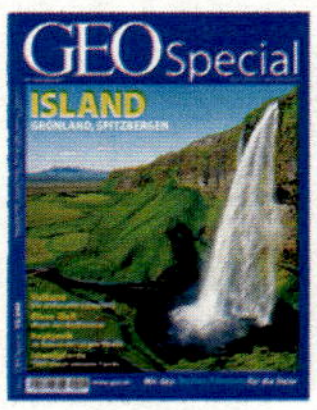

Island, Grönland, Spitzbergen Nr. 1/2005

Europas schönste Parks & Gärten Nr. 2/2005

Bayern Nr. 3/2005

Die folgenden Ausgaben:

KANARISCHE INSELN

KALIFORNIEN

HAMBURG

GEO Special London
erscheint am 5. Oktober 2005

... lustigster Mensch Australiens?

Josh Thomas gewann mit 17 Jahren als bisher Jüngster den wichtigsten Comedy-Wettbewerb des Landes, den »Raw Comedy Award«. Seine Stärke: Witze über sich selbst

Herzlichen Glückwunsch, du bist der lustigste Junge in Australien!

Danke. Soll ich jetzt etwas Komisches sagen?

Das wäre doch nett, oder?

Mir fallen spontan nie Witze ein. Können wir damit noch warten?

Klar, kein Problem.

In meiner Show mache ich mich über mich selbst lustig. Was für ein Verlierer ich bin, wie schlimm meine Familie ist, dass ich keine Mädchen abbekomme. Im Moment ist mein größter Vorteil, dass ich so jung bin. Wenn ich von meinen Misserfolgen erzähle, erinnern sich die Zuschauer an ihre eigene Teenagerzeit – und freuen sich, dass diese Phase vorbei ist.

Also Schadenfreude – ist das typisch für den australischen Humor?

Nein, ich glaube, dass die Leute eher aus Mitgefühl für den armen Trottel auf der Bühne lachen. Ich kenne viele australische Komiker, die sich selbst auf die Schippe nehmen. Das ist wahrscheinlich ein großer Unterschied zum Beispiel zu den USA: Wir lachen über uns, die Amerikaner machen Scherze auf Kosten anderer.

Das ist nicht ganz richtig. Es gibt in Australien jede Menge gemeine Witze über Neuseeländer.

Spontan fallen ihm nie Witze ein, trotzdem darf er für Australien zur Comedy-WM: Josh Thomas

Stimmt, das habe ich unterschlagen. Neuseeland ist für uns, was Österreich für die Deutschen ist – das habe ich während meines Schulaustauschs in Kassel gelernt: ein großer Fundus an Gemeinheiten, die aus dem Vorurteil stammen, dass die andere Nation einfältig und langsam ist. Ich kenne aber einen recht cleveren Neuseeländer-Witz: Ein Kiwi (Spitzname für Neuseeländer) möchte nach Australien auswandern. Der Grenzbeamte fragt ihn: „Sind Sie vorbestraft?" Der Kiwi dreht sich wieder um und mault: „Mist. Ich dachte, das wäre nicht mehr notwendig."

Ganz gut. Du wirst im Sommer dein Land beim internationalen Comedy-Festival in Edinburgh vertreten. Werden die Schotten deine Scherze verstehen?

Ich werde viele Teile meines Programms umschreiben müssen. In Schottland weiß bestimmt niemand, was ein *schoolie* ist.

Was ist ein Schoolie?

Als Schoolie bezeichnet man in Australien die Woche nach dem Ende der High School, in der man gemeinsam mit seinen Freunden durchs Land fährt, viel trinkt und, wenn man es schafft, viele Mädchen küsst. Für mich also genau die richtige Gelegenheit, mich zu blamieren. So etwas kennen die in Schottland nicht – und es gibt nichts Unlustigeres, als einen Witz erklären zu müssen.

Als einziger Aussie bei dem Wettbewerb wirst du sicher selbst zur Zielscheibe von Scherzen. Welche Klischees tauchen in Witzen über Australier immer wieder auf?

Das größte Klischee ist, denke ich, dass wir Australier ein kaum verständliches Englisch sprechen. Vor allem Deutsche haben damit große Probleme. Das letzte Mal, als wir an der Schule einen deutschen Austauschschüler hatten, dachte der lange Zeit, wir wollten ihn umbringen – weil Australier das Wort Tag, also „day", so aussprechen wie „die" – sterben. Und wir haben ihn gefragt, ob er mit uns an den Strand fahren möchte – „today".

Wirklich?

Nein, nur ein Spaß. Den Witz habe ich im Internet gelesen. Aber der ist ganz gut, oder? Mal sehen, vielleicht kann ich damit in Schottland punkten.

Interview: Kerstin Kullmann